CB048323
1917
O ANO QUE
ABALOU O MUNDO

Cartaz de Adolf Strakhov-Braslavskii, 1926, onde se lê "Mulheres emancipadas: construam o socialismo!".

Acima, à esquerda, cartaz do início da guerra civil de artista anônimo, com os dizeres "Trabalhadoras: levantem os fuzis!"; ao lado, "Fascismo – O mais maléfico inimigo das mulheres. Todos na luta contra o fascismo!", pôster de Nina Vatolina publicado com tiragem de 75 mil cópias em agosto de 1941, cinco semanas depois da invasão nazista à União Soviética (a modelo da imagem, mãe de dois rapazes que lutavam na guerra, era vizinha da artista).
Abaixo, à esquerda, "A pátria-mãe chama!", pôster de julho de 1941 de Irakli Toidze, no contexto da guerra entre os nazistas alemães e a União Soviética; e, à direita, "Não há lugar em nossas fazendas coletivas para padres e kulaks", pôster de Nikolai Mikhailov, de 1930.

Pôster de 1965 em comemoração à Revolução de 1917, com os dizeres "Viva Outubro!".

Ao lado, à esquerda, "Somos a favor da unidade do Partido leninista", e, à direita, cartaz-bandeira dos delegados do XVI Congresso Provincial dos Sovietes. Ambos de, artista desconhecido, 1927.

No alto, à esquerda, cartaz de Gustav Kloutsis, de 1930, com fotomontagem mostrando Lênin gigante avançando contra uma barragem do Dnieper em construção e os dizeres "Da Rússia da NEP nascerá a Rússia socialista (Lênin)". À direita, cartaz de Gueorgui Kibardine, de 1931, "Nós construímos uma frota de dirigíveis em nome de Lênin". Abaixo, detalhe de cartaz de Vladislav Jukov, de 1985, ano em que o Comitê Central do PCUS orientou o país a acelerar o desenvolvimento econômico, dando início à Perestroika.

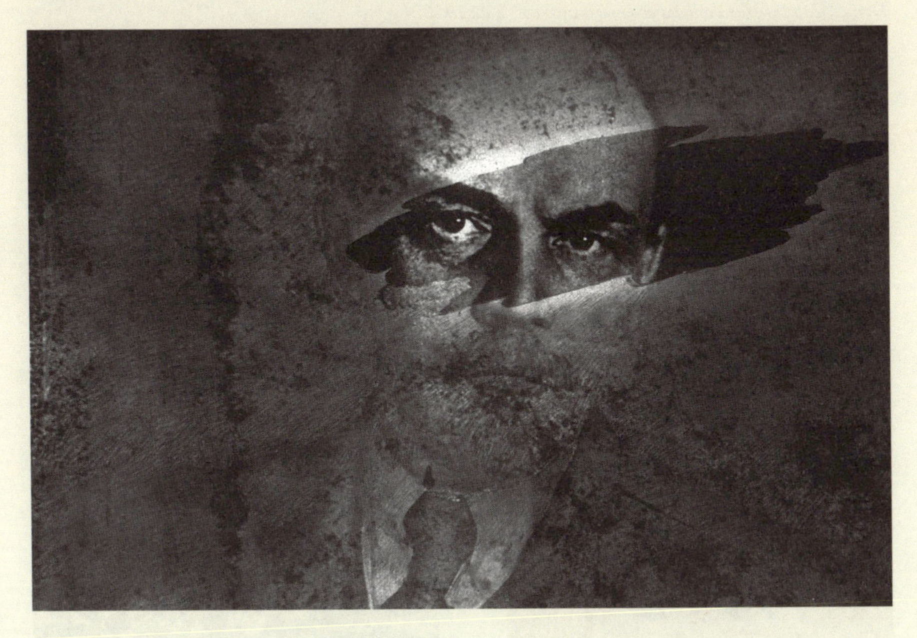

Ao alto, à esquerda, cartaz com a data de 7 nov. 1918 em destaque, de G. F. Zeiler, ilustra o começo da guerra civil, com a frase "Aguardem mais um pouco! Trabalhadores de todos os países estão em movimento para vir e ajudá-los". Até 1920, a estrela vermelha, o martelo e o arado eram os símbolos do Exército Vermelho, quando o arado foi substituído pela foice. À direita, capa da revista Красная Нива/ Krasnai Niva *[Campo Vermelho] de 23 jan. 1927, de Rudolf Frentz, com a escultura de Lênin feita por Evseiev em frente à estação Finlândia.*
Abaixo, à esquerda, capa do jornal de escritores proletários Кузница/ Kuznitsa *[Forja], publicado pelo Comissariado Popular de Educação, de Nikolai Kotcherguine, de 1921, ilustra o trabalhador rompendo seus grilhões, em alusão ao* Manifesto Comunista *de Marx e Engels. À direita, cartaz satírico de Viktor Deni, "Capitalistas de todos os países, uni-vos!", de 1920.*

Capa de Rudolf Frentz para a edição de ano novo da Krasnai Niva *de 1927.*

Modelo de capa de Октябрь/ Oktiabr *[Outubro], um álbum de fotomontagens cobrindo os primeiros anos do regime soviético, de autoria de Serguei Tchekhonine, 1921.*

Acima, dois pôsteres de V. Koretskii, de 1941, no contexto da guerra contra os nazistas, com os dizeres "Seja um herói", à esquerda, e "Nossas forças são inumeráveis", à direita. Abaixo, "Atire para matar!", pôster de N. Zhukov, também no contexto da Grande Guerra Patriótica; curiosamente, ao fundo da imagem, nota-se a reprodução de outro pôster célebre de Koretskii de 1942, que retrata uma mãe e seu filho ameaçados por uma arma nazista e a frase "Combatente do Exército Vermelho, SALVE".

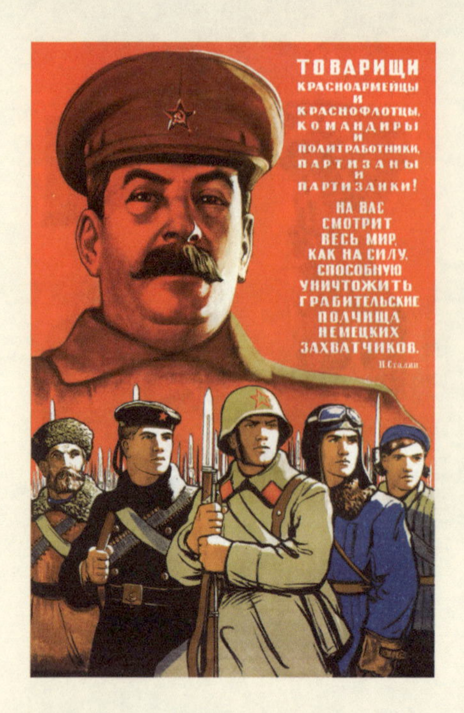

Acima, à esquerda, cartaz com trechos do discurso de Stálin no desfile do Exército Vermelho, 7 nov. 1941, em que diz "Camaradas, homens do Exército Vermelho e da Marinha Vermelha, comandantes e trabalhadores políticos, trabalhadores e trabalhadoras! O mundo inteiro olha para vocês como a força capaz de destruir as hordas predadoras dos invasores alemães"; à direita, pôster de V. Klimashin, "Vida longa ao combatente vitorioso", de 1945, em comemoração à derrocada nazista.
Abaixo, pôster de Boris Efimov, de 1933, retrata Stálin comandando um timão com a sigla "URSS", acompanhado da frase "O capitão da União Soviética nos conduz de vitória em vitória".

Acima, à esquerda, o emblema estatal da Geórgia usado durante os anos da União Soviética; à direita, reprodução da frente de um cartão-postal comemorativo do 8 de Março feito em 1965 por L.Prisekina, com os dizeres "Parabéns!". Abaixo, "Feriado no colcoz" (1937), pintura do realismo soviético de Serguei Gerasimov que retrata um momento de lazer e confraternização entre camponeses em um colcoz (колхоз/ kolkhoz), as fazendas coletivas.

Capa de Olga Amossova-Bunak para o Огонёк/ Ogoniok *[Fogo], de 30 abr. 1917. Amossova, que se formou em artes plásticas em Roma em 1914, produziu muitas ilustrações para o jornal antes da revolução. Criado em 1899 e em circulação até hoje, o* Ogoniok *foi considerado um jornal burguês e politicamente "prejudicial" pelos bolcheviques, que trataram de transformá-lo em uma publicação de propaganda.*

Ao lado, acima, "Camaradas, tragam seus martelos para forjarmos a nova palavra" (1919), cartaz de Varvara Stepanova. Abaixo, "Composição com Mona Lisa" (1914), óleo sobre tela de Kazimir Malevich.

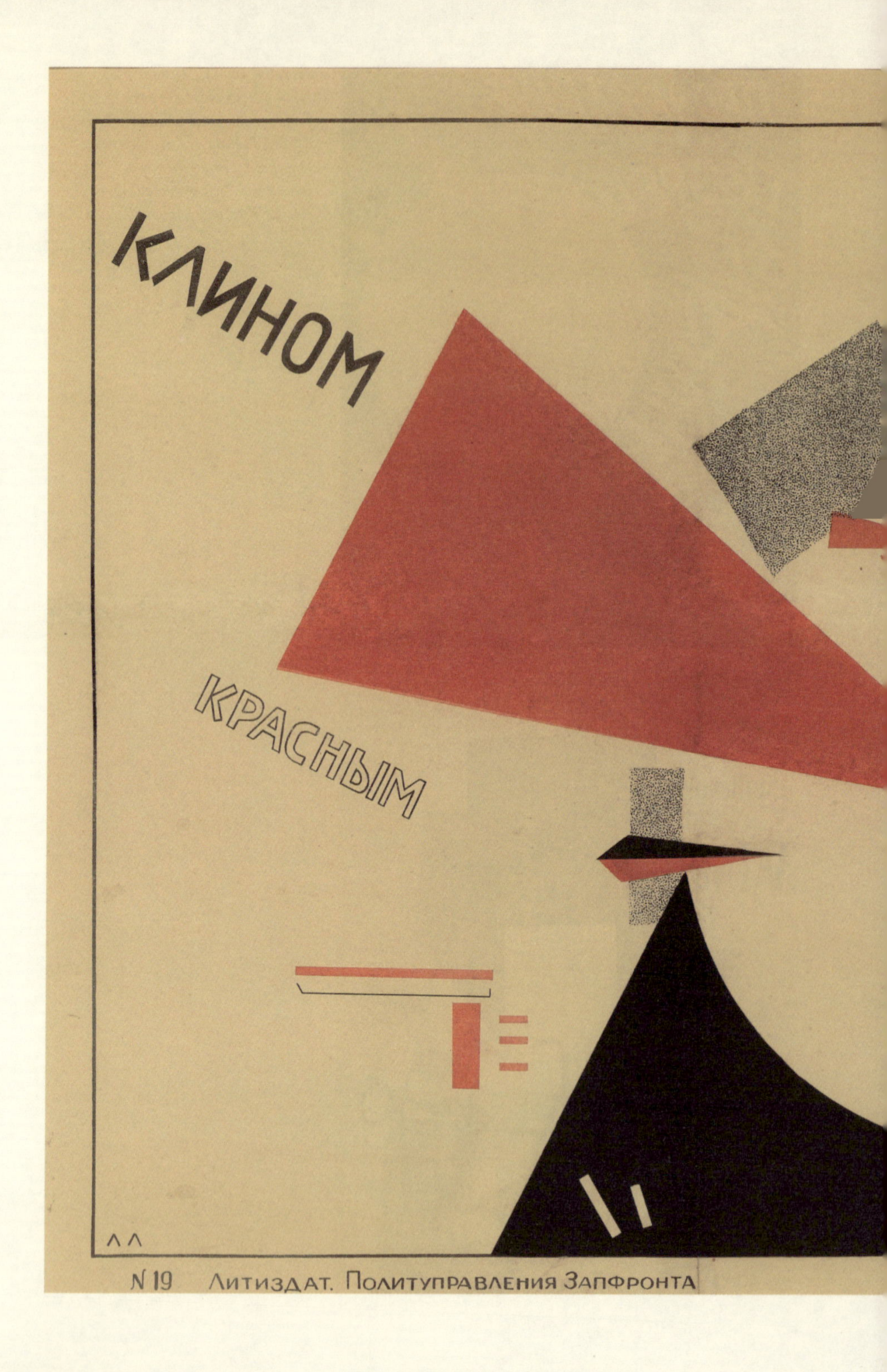
КЛИНОМ
КРАСНЫМ
ЛЛ
N 19 Литиздат. Политуправления Запфронта

Composição gráfica de El Lissitzky, com os dizeres "Bata os brancos com a cunha vermelha", de 1919. El Lissitzky era o pseudônimo do artista gráfico e arquiteto Lazar Markovich Lissitzky, discípulo de Malevich e figura importante na consolidação do suprematismo russo.

1917

O ANO QUE ABALOU O MUNDO

Rua Cantagalo, 74 – 13°/14° andar
03319-000 – São Paulo SP Brasil
Tel. 55 11 2227-6500
edicoes@edicoes.sescsp.org.br
sescsp.org.br/edicoes
/edicoessescsp

1917

O ANO QUE ABALOU O MUNDO

Cem anos da Revolução Russa

Ivana Jinkings e Kim Doria (orgs.)

edições Sesc

BOITEMPO

Direção editorial Ivana Jinkings
Edição Thaisa Burani
Tradução Diego Silveira Coelho Ferreira, Lúcio Flávio Rodrigues de Almeida, Heci Regina Candiani, Patricia Peterle, Pedro Davoglio e Renata Gonçalves (conforme indicado em cada texto)
Revisão da tradução Isabella Marcatti e Daniela Oliveira
Preparação Silvana Cobucci
Revisão Vivian Miwa Matsushita
Coordenação de produção Livia Campos
Iconografia Artur Renzo e Thaís Barros
Capa, projeto gráfico e diagramação Erika Tani Azuma e Rodrigo Disperati | Collecta Estúdio
Tratamento de imagens Antonio Kehl

Equipe de apoio: Allan Jones, Ana Yumi Kajiki, André Albert, Bibiana Leme, Camilla Rillo, Eduardo Marques, Elaine Ramos, Fred Indiani, Ivam Oliveira, Marlene Baptista, Maurício Barbosa, Renato Soares, Tulio Candiotto

CIP-BRASIL . CATALOGAÇÃO NA PUBLICAÇÃO
SINDICATO NACIONAL DOS EDITORES DE LIVROS, RJ

M581 1917: o ano que abalou o mundo / organização Ivana Jinkings e Kim Doria. - 1. ed. - São Paulo : Boitempo : Ed. SESC SP, 2017.

il.

ISBN 978-85-7559-585-5 (Boitempo)

ISBN 978-85-9493-064-4 (Ed. SESC SP)

1. União Soviética - História - Revolução, 1917-1921. 2. Comunismo. I. Jinkings, Ivana. II. Doria, Kim. III Título: Mil novecentos e dezessete: o ano que abalou o mundo.

17-44382 CDD: 947.084
CDU: 94 (47+57)

28/08/2017 30/08/2017

1ª edição: setembro de 2017

BOITEMPO EDITORIAL
Jinkings Editores Associados Ltda.
Rua Pereira Leite, 373
05442-000 São Paulo SP
Tel./fax: (11) 3875-7250 / 3875-7285
editor@boitempoeditorial.com.br | www.boitempoeditorial.com.br
www.blogdaboitempo.com.br | www.facebook.com/boitempo
www.twitter.com/editoraboitempo | www.youtube.com/tvboitempo

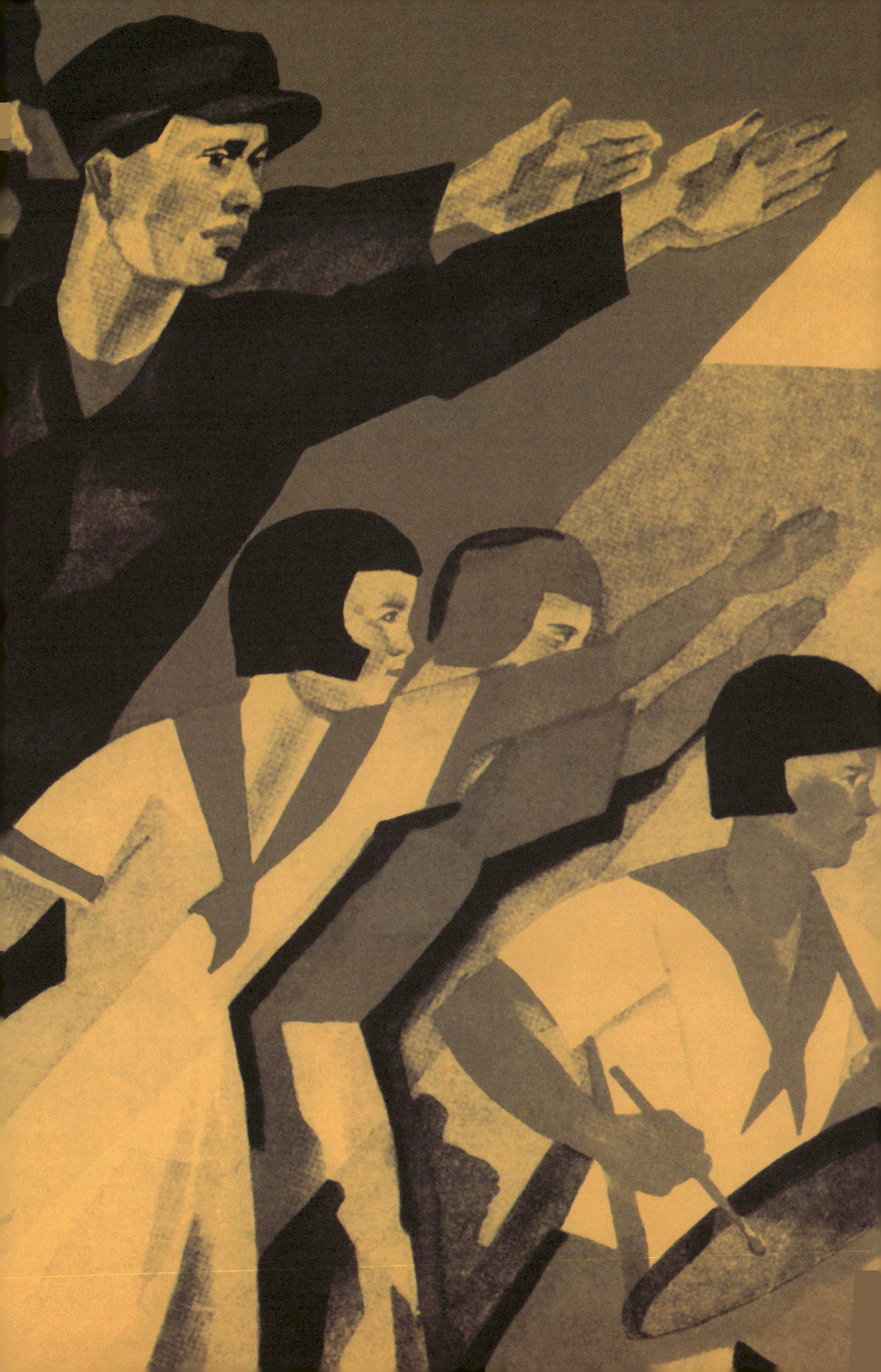

Sumário

Apresentação

A Revolução Russa de outubro de 1917 foi a maior tentativa de transformação social já empreendida na história da humanidade. Muito já se escreveu e falou sobre esse excepcional evento, e o balanço de seus erros e acertos está longe de ser conclusivo. Agora, quase três décadas após o fim da União Soviética socialista e cem anos depois de sua conflagração, talvez seja possível ter um olhar mais objetivo sobre o tema.

Realizada num país economicamente atrasado, em meio a um conflito de largas proporções – a Primeira Guerra Mundial – e num momento em que o capitalismo monopolista assumia vigor inaudito, a Revolução Russa produziu reflexos em inúmeras áreas do conhecimento. Não há domínio da cultura que tenha ficado imune a sua influência: arquitetura, música, artes plásticas, artes cênicas, fotografia, cinema e publicidade, entre outros, foram tocados de forma indelével pelo impressionante movimento de massas desencadeado pelos bolcheviques. Nas palavras do historiador inglês Eric Hobsbawm, "a Revolução de Outubro teve repercussões muito mais profundas e globais que a Revolução Francesa (1789) e produziu, de longe, o mais formidável movimento revolucionário organizado na história moderna"[1].

Inspirados pelos ares de Outubro, reunimos alguns dos mais respeitados pensadores, do Brasil e de outros países, que se dedicaram a estudar as ressonâncias de 1917[2]. Deste volume constam estudos fundamentais sobre repercussões em áreas como teatro, cinema e

[1] Eric Hobsbawm, *Era dos extremos: o breve século XX – 1914-1991* (São Paulo, Companhia das Letras, 1995), p. 62.

[2] Esta coletânea foi concebida por ocasião do seminário internacional **1917: o ano que abalou o mundo**, realizado pela Boitempo e pelo Sesc em São Paulo, entre 26 e 29 de setembro de 2017, nas unidades Pinheiros, Centro de Pesquisa e Formação (CPF) e CineSesc.

artes visuais. O fato de elas, de algum modo, continuarem ecoando nos processos de criação e nos debates no campo da estética evidencia a importância dos autores e artistas daquele período. Outro conjunto de textos se volta para aspectos propriamente históricos da Revolução Soviética, como a participação das mulheres e a formação e atuação de partidos políticos, as lutas dos trabalhadores e a construção do primeiro Estado operário da história.

A passagem do tempo torna necessário o reexame dos marcos de transformação das sociedades humanas. Em tempos de informação instantânea e volumosa, olhar para os eventos de 1917 constitui um exercício da maior importância – a Revolução Russa penetrou nas consciências, inspirou lutas emancipatórias em todo o globo, materializou os ideais de liberdade, igualdade e fraternidade herdados da Revolução Francesa. Cem anos depois, o que fica deste legado? É o que, esperamos, este livro ajuda a responder.

Prefácio
Os primeiros 100 anos

José Luiz Del Roio

Difícil, muito difícil, apresentar uma obra como esta. A dificuldade se deve à qualidade dos autores e das autoras, bem como à diversidade que expressam. Decorre não apenas do mosaico dos assuntos de que tratam, mas também de suas visões teóricas não iguais e até divergentes. Mas talvez esteja precisamente aí seu sabor agradável, embora às vezes possa parecer exótico. Seja como for, todos os que aqui escreveram inserem-se no sulco profundo da grande Revolução de Outubro.

Para a história humana, um século não é tanto; para os indivíduos, porém, é bastante. Poderíamos dizer que já é hora de ter um balanço definitivo sobre esses eventos ocorridos na Rússia. Mas sabemos que não é assim. Mesmo a Revolução Francesa, à distância de mais de dois séculos, continua a ser vista e revista, sendo um campo constante de luta ideológica. Portanto, muitos textos ainda serão escritos nas próximas décadas sobre o movimento que produziu um rombo nas muralhas do capitalismo.

Alguns pontos discutidos neste volume merecem ser destacados. Deveriam os bolcheviques ter tomado o poder? Quase todos os teóricos da social-democracia diziam, e continuaram a dizer, que não. A aventura acabaria esmagada e causaria um imenso prejuízo ao movimento operário europeu. Além disso, segundo o marxismo, era uma impossibilidade, pois ícones da teoria como Karl Kautsky ou G. V. Plekhanov afirmavam que para chegar à construção do socialismo era preciso passar, necessariamente, pela etapa da revolução burguesa. E a Rússia estava muito longe dela. Claro que iniciar a transição para o socialismo custaria um imenso esforço e muito sacrifício. Mas a alternativa, tanto para a humanidade como para a própria Rússia, seria pior.

Com sua análise cortante, Lênin havia destrinçado a essência do imperialismo em dois aspectos que a social-democracia menosprezava. As guerras interimperialistas continuariam e seria preservado o sistema infame que mantém uma parte do mundo colonizada ou semicolonizada. Esse raciocínio levava inevitavelmente a concluir que era preciso fazer a revolução para o bem das grandes massas do ex-império e também dos países colonizados. Ela constituía o grande salto, que modificaria o quadro mundial. E apenas os bolcheviques eram capazes de tal façanha, por serem os únicos que pensavam dessa forma.

A marcha para dar início à passagem para o socialismo foi feita sobre escombros.

Entre mortos, mutilados e desaparecidos, os povos do império tsarista haviam sofrido 5 milhões de baixas na Primeira Guerra Mundial. A intervenção dos países imperialistas e a guerra civil foram arrasadoras. Em seu livro *Memorias y meditaciones*, o marechal G. K. Zhukov revela em poucas linhas o esforço e os custos desse conflito interno:

> No final de 1920, nosso exército totalizava cinco milhões e meio de homens, mesmo que desde setembro de 1918 até dezembro de 1920 tenha tido dois milhões e duzentas mil baixas. Delas, oitocentas mil, entre mortos, feridos e desaparecidos; e ainda um milhão e trezentos mil, perecidos por inanição e falta de medicamentos, de atenção médica e equipes indispensáveis.[1]

Nesse quadro terrível nascia o novo. Milhões de deserdados discutiam sobre produção, tecnologia, complicados assuntos internacionais, literatura, e houve uma explosão de criatividade nas artes em todas as suas vertentes – como mostram, neste volume, os artigos de **Arlete Cavaliere**, **Clara Figueiredo** e **Adilson Mendes**. Dentro da Revolução nascia outra, contra um mal ainda mais antigo que o feudalismo e o capitalismo: tratava-se de destruir o patriarcalismo, assunto tratado com competência aqui por **Tariq Ali** e **Wendy Goldman**. Lembro-me de alguns cartazes de propaganda pela libertação das mulheres, belos e muito corajosos, produzidos naqueles anos. Sobretudo os que lutam contra as correntes impostas por um conceito religioso arcaico. As religiões advindas de Abrão são duramente criticadas. Um deles mostra o pope ortodoxo, com um crucifixo com um Cristo que morre na cruz, tendo ao lado lindas jovens sumariamente vestidas que praticam esportes; em outro, um perplexo mulá olha para filas de mulheres livrando-se dos véus que cobriam seus rostos e entrando numa escola. Outro retrata um rabino numa situação semelhante.

[1] G. K. Zhukov, *Memorias y meditaciones* (Havana, Instituto Cubano del Libro, 1971), 2 v.

Nos anos posteriores, o combate às estruturas religiosas arrefece e de certa forma a Igreja Ortodoxa russa é cooptada por Stálin. Essa igreja estava profundamente arraigada na cultura camponesa, além de ser extremamente reacionária. Suas origens bizantinas entrelaçavam-se com a formação do Estado russo, com laivos messiânicos e nacionalistas.

Ficou famosa uma tese desenvolvida pelo monge Filofej no início do século XVI, que afirmava que, depois da queda da primeira Roma, a da Itália, e da segunda, Constantinopla (1453), o poder imperial e religioso passava a ter como centro Moscou, a terceira Roma. Filofej escreveu: "Duas Roma caíram, mas a terceira não cairá e não haverá uma quarta" – essas palavras serão repetidas por Ivan, o Terrível, no filme homônimo de Serguei Eisenstein de 1944.

Com o apoio ideológico e material da autocracia, o império russo controlava todo o sistema educacional e possuía quase um terço das terras. Uma de suas características era o antijudaísmo. Os judeus eram um grupo consistente no império russo, representando 4,5% da população. Criaram o caldo de cultura para que um livro imundo como *O protocolo dos sábios de Sião* tivesse ampla divulgação. Aliás, era o livro predileto do tsar Nicolau II. Depois da queda da União Soviética, a Igreja Ortodoxa russa declarou santo o ínclito imperador!

No emaranhado de dificuldades em que se debatia a direção revolucionária estava a questão das nacionalidades. O império russo abrigava mais de uma centena delas, espalhadas pelo imenso território. Eram povos com línguas, costumes, religiões e graus de desenvolvimento diferenciados. A Revolução teve como meta a integração e o respeito de suas culturas, algo muito difícil e original naquele tempo. Se a própria costura da União das Repúblicas Socialistas Soviéticas apresentou defeitos, que talvez tenham contribuído para o seu fim em 1991, não se pode negar que se realizou um enorme esforço de integração equilibrada.

Nos últimos tempos, tem surgido – ou melhor, ressurgido – no debate cultural e político brasileiro a tese dos pontos de contato entre a esquerda e a direita. O tema tratado neste livro por **Domenico Losurdo**, centrado no significado e nas implicações de exclusão e integração, é bem elucidativo a esse respeito.

Para sobreviver a tantos problemas, a Revolução precisava desenvolver suas forças produtivas e muito rapidamente. Impunha-se a industrialização com etapas forçadas. Com isso, novas feridas foram impostas ao corpo social já martirizado. A centralização era uma premissa indispensável que levou ao fim da democracia dos sovietes e à imposição do domínio do partido, com todas as suas consequências. São muito estimulantes as reflexões de **Antonio Negri** sobre esse tema. Muitos veem nesse fenômeno político uma das causas da decadência da URSS.

Fica a interrogação de como a República Popular da China, seguindo as trilhas do partido único, tem um desenvolvimento acelerado em todos os campos e influi cada vez mais nos destinos da humanidade. Num plano menor, é preciso citar também os esforços heroicos do Vietnã e de Cuba para a construção de uma sociedade socialista no sistema de partido único.

Mesmo que muito distante, o Brasil, como todo o mundo, foi impactado pela Revolução Soviética. Um imenso clarão de esperança nasceu nas mentes de lideranças dos trabalhadores, permeada por intensas discussões. Em março de 1922, em Niterói, foi criada a Seção Brasileira da Internacional Comunista, o PCB. A vida dos comunistas no Brasil foi difícil: foram discriminados, perseguidos, presos, torturados, assassinados. O Partido Comunista passou 67 anos na clandestinidade, caso único no mundo. Esse fato revela bem o âmago da oligarquia escravocrata brasileira. A mesma de ontem e de hoje.

Grande parte da intelectualidade nacional passou pelas fileiras do PCB, que contou com abnegados militantes operários, camponeses e militares. Neste livro, **Anita Prestes** descreve um pouco dessa trajetória.

Há uma infinidade de calúnias e tolices que os arautos da classe dominante nativa escreveram sobre a Revolução Soviética e os comunistas e é difícil fazer uma seleção. Lembramos uma carta do general Eurico Dutra, ministro da Guerra, de 22 de junho de 1944. É muito longa e rebuscada, mas a essência é a seguinte: as vitórias dos exércitos soviéticos reforçam os comunistas dentro de nossas fronteiras e não podemos permitir isso. Na verdade, Dutra queixa-se do poder dos soviéticos, esquecendo-se de que o Brasil estava em guerra contra o inimigo comum, o nazifascismo. A missiva termina assim: "Dentro em pouco, bem podemos prever, estarão nossas tropas além-oceano engajadas na luta. É necessário que os que partem tenham a certeza de que o Brasil, a cujo serviço estão, não será presa fácil de quaisquer aventureiros políticos revolucionários que o queiram dominar ou talar...". Nenhuma linha pensando nos sacrifícios que os soldados da Força Expedicionária Brasileira teriam que enfrentar. Limita-se a manifestar o pavor da perda de privilégios. Ainda assim, não poderá evitar que os pracinhas tenham contato com os *partisans* comunistas italianos nos campos de batalha na Península Itálica.

Por isso a FEB foi dissolvida ainda na Europa e seus integrantes não receberam as honras a eles devidas no solo pátrio. Foram tratados como empesteados, que poderiam trazer os germes da Revolução Soviética para este país imaculado. Eis o conceito de patriotismo dos escravocratas.

Desde o final dos anos 1970, o Partido Comunista Italiano alertava para o exaurimento do impulso da Revolução Soviética, que desembocou na queda do bloco socialista na Europa, por não ter sido capaz de se adequar às novas exigências sociais e tecnológicas. O neoliberalismo triunfou, e a humanidade mergulhou mais uma vez na tragédia. A própria social-democracia, que poderia considerar-se vitoriosa, foi atropelada e minguou. Guerras e conflitos generalizados, uma gigantesca concentração de renda nas mãos dos conglomerados financeiros. Fluxos de muitos milhões de desesperados vagam pelos mares ou se espremem em favelas nas megalópoles. Na Europa, o racismo, o nacionalismo, a incultura e o medo espraiam-se como erva daninha. Os Estados Unidos não conseguem superar a crise econômica e de valores que os atenaza. Tudo ao contrário das esperanças e lutas geradas pela Revolução Soviética. É essa esperança que precisa ser recuperada pelos ativistas políticos e pelos povos. Citando uma bela frase de **Slavoj Žižek**, que se encontra neste livro: "repetir Lênin não significa que devemos repetir o que ele alcançou, mas sim o que ele não conseguiu alcançar".

Na página a seguir, trabalhador em usina de papelão, em foto de 1931 do fotojornalista Arkadi Shaikhet.

НОТАРIУСЪ П. СОКОЛОВ

Ao lado, menino distribui o jornal do dia em rua de Petrogrado durante a revolução de Fevereiro de 1917.

Uma livre federação socialista?

A Revolução de Outubro e a questão nacional[1]

Michael Löwy

Neste estranho início de século XXI, em que predominam os nacionalismos mortíferos, as "limpezas étnicas", as guerras religiosas e a rivalidade feroz dos tubarões financeiros pelo controle do mercado mundial, é interessante aproveitar o Centenário de 1917 para revisitar o sonho dos revolucionários de Outubro: uma livre federação socialista de repúblicas autônomas. Como foi elaborada a reflexão dos bolcheviques sobre a questão nacional e em que medida sua prática, nos primeiros anos da União Soviética, esteve à altura dos princípios expressos?

A herança marxiana, com exceção de algumas grandes linhas estratégicas – a unidade internacionalista dos trabalhadores, a recusa da opressão de um povo sobre outro –, era bastante limitada nesse terreno. Mesmo que se faça abstração dos preocupantes deslizes de Engels em 1848-1850 – a teoria dos "povos sem história" (eslavos do sul) –, faltava aos fundadores do socialismo moderno uma reflexão mais aprofundada sobre a questão nacional e suas implicações para o movimento operário. É verdade que eles se bateram pela independência da Polônia, mas não é evidente que o tenham feito em nome de um princípio geral – direito à autodeterminação dos povos – ou simplesmente porque os poloneses lutavam contra a Rússia tsarista, principal fortaleza da reação na Europa. Mais interessantes são seus escritos sobre a Irlanda, que parecem – após hesitação inicial – esboçar uma perspectiva mais ampla: somente a libertação nacional do povo oprimido permite ultrapassar a divisão e os ódios nacionais e unir os operários das duas nações contra seus inimigos comuns, os capitalistas[2].

[1] Traduzido por Renata Gonçalves e Lúcio Flávio Rodrigues de Almeida. (N. E.)

[2] É possível encontrar trechos dos principais textos do debate marxista "clássico" sobre a questão nacional na antologia organizada por Georges Haupt, Michaël Löwy e Claudie Weill, *Les marxistes et la question nacional, 1848-1914* (2. ed., Paris, L'Harmattan, 1997).

A primeira grande obra marxista sobre a questão nacional é, sem dúvida, *A questão das nacionalidades e a social-democracia* (1907), de Otto Bauer. Ao definir a nação como produto inacabado de um processo histórico constantemente em andamento, o pensador austro-marxista deu uma importante contribuição ao combate à fetichização do fato nacional e aos mitos reacionários da "nação eterna", pretensamente enraizada no "sangue e no solo". Seu programa de autonomia nacional cultural era uma proposta rica e construtiva, mas ficava num impasse diante de uma questão política capital: o direito democrático de cada nação de se separar e constituir um Estado independente.

Alguns marxistas do Império Russo, como os militantes judeus do Bund[3] e alguns movimentos socialistas caucasianos ou bálticos, manifestaram muito interesse pelas teses de Otto Bauer e de seus amigos austro-marxistas. Mas não foi o caso das correntes majoritárias do Partido Operário Social-Democrata Russo. Sua posição comum, adotada durante o congresso do POSDR de 1903 – antes da cisão! –, afirma, no item 9, o direito à autodeterminação das nações do Império Russo.

Rosa Luxemburgo era bastante reservada no que se refere a essa concepção. Hostil ao separatismo nacional – e concretamente à palavra de ordem de independência da Polônia, que ela considerava "utópica", por razões econômicas –, preconizava, como programa de uma revolução contra o Império tsarista, a autonomia regional, concebida como autoadministração de cada província, região ou município no contexto de um Estado democrático multinacional. Rosa distinguia sua posição da defendida pelos austro-marxistas que, a seu ver, ergueriam barreiras entre as nacionalidades.

Leon Trótski, em sua brochura de 1914, *A guerra e a Internacional*, parece hesitar entre uma postura de tipo economicista, que deduz da internacionalização da economia o iminente desaparecimento dos Estados nacionais, e um procedimento mais político, que reconhece no direito à autodeterminação das nações a condição da paz entre os povos. Na mesma época, num artigo sobre "Nação e economia" (1915), ele reconhece explicitamente a importância histórica do fator nacional: "a nação constitui um fator ativo e permanente da cultura humana. E, no regime socialista, a nação, liberta da corrente da dependência política e econômica, será chamada a desempenhar um papel fundamental no desenvolvimento histórico [...]"[4].

Antes de entrar no debate, Lênin envia a Viena, em 1913, um bolchevique georgiano, Josef Vissariónovitch Djugashvili (pseudônimo: Stálin...), para

[3] União Geral dos Operários Judeus da Lituânia, Polônia e Rússia. (N. T.)

[4] Leon Trótski, "Nation et économie" [1915], em *Pluriel-Débat*, n. 4, abr. 1975, p. 48.

Acima, Lênin dirige-se a uma multidão em Petrogrado.

elaborar um texto que exporia, de modo sistemático, a posição de seu partido, fiel à resolução de 1903 do POSDR. Contrariamente a uma lenda tenaz – para a qual o próprio Trótski contribuiu, ao redigir a biografia de Stálin –, a brochura do georgiano em questão não foi escrita sob a inspiração direta de Lênin. Este parece ter ficado um pouco decepcionado com o resultado, pois, nos seus numerosos textos sobre a questão nacional, só a cita uma única vez, *en passant*, e entre parênteses, num artigo de 28 de dezembro de 1913. Sem dúvida, a brochura de Stálin defendia a tese central dos bolcheviques: o direito à separação das nações do Império Russo. Mas, sobre um número de questões importantes, estava em contradição direta com as ideias de Lênin, tais como serão desenvolvidas ao longo dos anos seguintes[5].

Para citar apenas dois exemplos:

[5] É verdade que Lênin nunca chegou a criticar a brochura de Stálin, provavelmente porque, no ponto principal, a considerava conforme à doutrina bolchevique.

Representantes do POSDR em São Petersburgo, em foto de dezembro de 1895, com Lênin ao centro. Da esquerda para a direita, em pé, estão Málchenko, Zaporozhets e Vanéiev; sentados, Starkov, Krzhizhanovski, Lênin e Mártov.

1. Stálin só reconhecia como nações os povos com uma comunidade de língua, de território, de vida econômica e de "formação psíquica". É inútil procurar tal visão a-histórica, dogmática, rígida e petrificada da nação em Lênin – que, aliás, rejeitava explicitamente o conceito de "caráter nacional" ou "particularidade psicológica" das nações, emprestado de Otto Bauer por Stálin.

2. Stálin não fazia distinção entre nacionalismo de opressores e de oprimidos, isto é, entre o nacionalismo grão-russo do Estado tsarista e o dos povos oprimidos – poloneses, judeus, tártaros, georgianos etc. Os dois caminham lado a lado, como manifestações de um "chauvinismo grosseiro". Ora, como veremos, essa distinção ocupa um lugar central na reflexão de Lênin.

O ponto de partida de Lênin, como o de Marx, Rosa Luxemburgo ou Trótski, era o *internacionalismo proletário*. É com relação a essa premissa política básica que ele aborda a questão nacional. Mas, ao contrário de alguns de seus camaradas, Lênin percebe o *laço dialético* entre o objetivo internacionalista e os direitos nacionais. Antes de tudo, porque – para utilizar uma metáfora de que o fundador do partido bolchevique gostava muito – só o direito ao divórcio garante o livre casamento: somente a liberdade de separação torna possível uma livre e voluntária união, associação ou fusão entre as nações. Em seguida, porque – como Marx e Engels haviam compreendido no que se refere à Irlanda – só o reconhecimento, pelo movimento operário da nação dominante, do direito à autodeterminação da nação dominada permite eliminar o ódio e a desconfiança dos oprimidos e unir os proletários das duas nações num combate comum contra a burguesia.

A insistência de Lênin no *direito* à separação não significa de modo algum que ele fosse favorável ao separatismo e à divisão infinita dos Estados conforme as linhas de fratura nacional. Ao contrário, esperava que, graças à livre disposição que os povos têm de seu destino, os Estados multinacionais se mantivessem:

Quanto mais o regime democrático de um Estado se aproxima da inteira liberdade de separação, mais serão raras e fracas, na prática, as tendências à separação, pois as vantagens dos grandes Estados, tanto do ponto de vista do progresso econômico como do dos interesses da massa, são indubitáveis...[6]

O que distingue Lênin da maioria de seus contemporâneos é que ele dava ênfase – tanto no que diz respeito à questão nacional como em outros domínios – ao aspecto propriamente *político* da contradição. Enquanto os outros marxistas viam sobretudo a dimensão econômica, cultural ou "psíquica" do problema, Lênin insistia, em seus artigos dos anos de 1913 a 1916, no fato de que a questão do direito das nações de disporem de si próprias "remete inteira e exclusivamente ao campo da democracia política", ou seja, ao campo do direito à separação política, à constituição de um Estado nacional independente[7].

É inútil dizer que o aspecto político da questão nacional, para Lênin, não era o mesmo dos chanceleres, diplomatas e, após 1914, dos exércitos em guerra. Para ele, era indiferente saber se uma ou outra nação teria ou não um Estado independente, ou quais seriam as fronteiras entre dois Estados. Seu objetivo era a democracia e a unidade internacionalista do proletariado, que exigem ambas o reconhecimento do direito à autodeterminação das nações. Com esse objetivo, defendia com insistência a unificação, num mesmo partido, dos trabalhadores e dos marxistas de todas as nações que viviam no âmbito de um mesmo Estado, o Império tsarista – russos, ucranianos, poloneses, judeus, georgianos... –, para poder lutar contra o inimigo comum: a autocracia, as classes dominantes.

A principal objeção que se poderia formular à posição de Lênin sobre a questão nacional é a recusa total da problemática austro-marxista da autonomia nacional cultural – defendida na Rússia sobretudo pelo Bund. A proposta leninista de autonomia administrativa local pelas nações não dava conta dos problemas das nacionalidades extraterritoriais como, por exemplo, os judeus[8].

A hesitante política praticada pelos diferentes governos "burgueses" que se sucederam após a Revolução de Fevereiro de 1917, incapazes de romper com a herança do tsarismo, favoreceu a captação dos sentimentos nacionais pelos

[6] Vladímir Lênin, "La Révolution socialiste et les droits des nations à disposer d'elles-mêmes – thèses, 1916", em *Questions de la politique nationale et de l'internationalisme prolétarien* (Moscou, Progrès, 1968), p. 160.

[7] Ibidem, p. 158.

[8] A esse respeito, ver Enzo Traverso, *Les Marxistes et la question juive* (Paris, Kimé, 1997), p. 151. De acordo com Lênin, "a autonomia nacional cultural [...] é a corrupção dos operários, com a palavra de ordem da cultura nacional e a propaganda da divisão do ensino por nacionalidades, profundamente prejudicial e até mesmo antidemocrática"; ver Vladímir Lênin, "La Révolution socialiste et les droits des nations à disposer d'elles-mêmes", cit., p. 6. Num outro texto, Lênin compara a ideia bundista de escolas judaicas distintas com as escolas segregadas para negros no Sul dos Estados Unidos; ibidem, p. 38-9.

bolcheviques: como escreveu Trótski, na *História da Revolução Russa*, "a torrente nacional, assim como a agrária, desembocava no rio da Revolução de Outubro"[9].

Em que medida a prática de Lênin e de seus camaradas no poder esteve conforme aos princípios enunciados nos textos teóricos e nas resoluções partidárias? É difícil responder a essa pergunta, tanto era complexa, confusa e contraditória a política nacional do Estado soviético durante os anos de formação da URSS. O que predominava era, inevitavelmente, uma grande dose de pragmatismo, de empirismo e de adaptação às circunstâncias, com múltiplas distorções das doutrinas bolcheviques sobre a questão nacional.

Algumas dessas "adaptações" foram positivas, no sentido de maior democracia pluralista. Outras, ao contrário, constituíram violações brutais do direito dos povos de disporem de si próprios: entre esses dois extremos, há uma vasta "zona cinzenta"...

Apenas uma semana após a tomada do poder, os revolucionários de Outubro publicaram uma declaração que afirmava solenemente a igualdade de todos os povos da Rússia e seu direito à autodeterminação, e até mesmo à separação. Muito rapidamente o poder soviético reconheceu – em parte como uma situação de fato, mas também por um autêntico desejo de romper com as práticas imperiais e de reconhecer os direitos nacionais – a independência da Finlândia, da Polônia e dos países bálticos (Lituânia, Letônia e Estônia). O destino da Ucrânia, das nações do Cáucaso e de outras regiões "periféricas" foi decidido durante a guerra civil, quase sempre com uma vitória dos bolcheviques "locais", mais ou menos – de acordo com os casos – ajudados pelo Exército Vermelho em formação[10].

A primeira "distorção positiva" foi a Declaração dos direitos do povo trabalhador e explorado, de 1918, redigida por Lênin. Era um apelo à formação de uma federação de repúblicas soviéticas, fundamentada na aliança livre e voluntária dos povos. Essa afirmação explícita do princípio federativo constituía uma verdadeira mudança com relação às posições anteriores de Lênin e de seus camaradas, que – como dignos herdeiros da tradição jacobina – eram hostis ao federalismo e favoráveis a um Estado unitário e centralizado. Embora não fosse explicitamente assumida nem justificada teoricamente, tratou-se de uma mudança altamente positiva[11].

[9] Leon Trótski, *Histoire de la révolution russe* (Paris, Seuil, 1950), p. 805 [ed. bras.: *História da Revolução Russa*, São Paulo, Sundermann, 2007, 2 v.].

[10] Entre os erros cometidos naquela época, pode-se mencionar a integração forçada à República soviética do Azerbaijão da região do Alto Karabakh, habitada majoritariamente por armênios. O conflito explodiria no final dos anos 1980.

[11] Ver, a esse respeito, a interessante obra de Javier Villanueva, *Lenin y las naciones* (Madri, Revolución, 1987), p. 352-4.

A tomada do Palácio de Inverno, em 7 de novembro de 1917.

Outra "adaptação democrática" foi a prática do poder soviético acerca da minoria judaica. Antes de 1917, Lênin e os bolcheviques sempre atacaram as teses austro-marxistas e seus partidários judeus na Rússia – o Bund. Ao longo dos primeiros anos da revolução, porém, não deixaram de adotar uma política inspirada, em larga escala, na autonomia nacional cultural. O iídiche obteve o estatuto de língua oficial na Ucrânia e na Bielorrússia e revistas, bibliotecas, jornais, editoras, teatros e até mesmo centenas de *escolas* de iídiche se desenvolveram. Em Kiev foi criado um Instituto Universitário Judeu, que rivalizava com o célebre YIVO de Vilna. Ou seja, sob a égide dos sovietes, e no contexto de uma política de autonomia cultural, assistia-se a um verdadeiro desabrochar cultural iídiche – enquadrado, é verdade, pelo "despotismo esclarecido" da Yevsekzia, a seção judaica do partido bolchevique, composta em grande parte por antigos bundistas e sionistas de esquerda ganhos para o comunismo pela Revolução de Outubro[12].

Quanto às violações dos direitos democráticos dos povos, fazendo-se abstração de condições mais ou menos discutíveis da "sovietização" da Ucrânia e das nações caucasianas, dois casos revelam-se particularmente significativos: a invasão da Polônia, em 1920, e a da Geórgia, em 1921.

Violentamente hostil aos sovietes, o regime polonês do marechal Pilsudski, manipulado e apoiado pelo imperialismo francês, invadiu a Ucrânia soviética em abril de 1920 e chegou até Kiev. A contraofensiva do Exército Vermelho logo o obrigou a recuar, mas as forças soviéticas perseguiram o invasor e violaram a fronteira polonesa, chegando em agosto às portas de Varsóvia – antes de serem obrigados, por sua vez, a retroceder ao ponto de partida. A decisão de invadir a Polônia foi tomada pela direção soviética, sob o impulso do próprio Lênin – contra a opinião de Trótski, Radek e Stálin, que, pelo menos uma vez, estiveram de acordo. Certamente não se tratava de um projeto de anexação da Polônia, mas de "ajudar" os comunistas poloneses a tomarem o poder, estabelecendo uma república soviética polonesa. O que não impede que tenha sido uma verdadeira e

[12] Ver a excelente análise de Enzo Traverso, *Les Marxistes et la question juive*, cit., p. 171. O autor observa que o principal problema foi a proibição das publicações e do ensino do hebraico, com o objetivo de "modernização" e de combate à religião. Foi uma tentativa injustificável de arrancar da nação judaica suas raízes históricas, sua tradição e seu passado cultural.

evidente violação do princípio da autodeterminação dos povos: como o próprio Lênin repetia inúmeras vezes, não cabia ao Exército Vermelho impor o comunismo a outros povos. O caráter efêmero e precário dessa iniciativa limitou, contudo, seu alcance – embora tenha deixado rastros na memória coletiva polonesa.

Bem mais grave foi o caso georgiano. República independente, reconhecida como tal pelo poder soviético – acordos de paz de 1920 –, dirigida por um governo menchevique apoiado pela grande maioria da população (o campesinato), a Geórgia foi, entretanto, invadida em fevereiro de 1921 pelo Exército Vermelho e "sovietizada" à força. Tratou-se, sem dúvida, do caso mais flagrante e mais brutal de desrespeito, pelo Estado soviético em formação, ao direito democrático dos povos de disporem de si próprios.

A iniciativa foi tomada por dirigentes bolcheviques de origem georgiana, Stálin e Ordjonikidze, que a justificaram em nome de uma pretensa insurreição geral dos operários e camponeses georgianos sob direção comunista – na verdade, uma iniciativa bastante minoritária de um grupo bolchevique, perto da fronteira soviética – contra o governo menchevique. Avalizada por Lênin e pela direção soviética, a invasão instalou, após um mês de combate, um governo bolchevique em Tíflis, assegurando assim a associação da Geórgia à Federação Soviética. A hostilidade da maioria da população a essa imposição "externa" manifestou-se de modo explosivo em 1924, com a insurreição popular maciça dirigida pelos mencheviques.

Trótski estava ausente de Moscou, em viagem aos Urais, e não participou dessa decisão. Logo, é surpreendente que tenha decidido endossar, diante da opinião pública russa e internacional, a responsabilidade por tal operação, escrevendo um panfleto que legitima a sovietização forçada da Geórgia: *Entre vermelhos e brancos* (1922). Esse texto, um dos mais polêmicos do fundador do Exército Vermelho, assim como *Terrorismo e comunismo*, pertence ao período mais radicalmente "substitucionista" de sua vida política. Nos dois casos, sob a bandeira de denunciar o "democratismo pequeno-burguês" de Kautsky e da social-democracia, corre o risco de eliminar inteiramente a democracia.

Mesmo que se aceitem (o que está longe de qualquer evidência) todas as virulentas críticas dirigidas por Trótski à "Gironda georgiana" dos mencheviques – regime burguês, anticomunista, protegido pelo imperialismo inglês, dissimuladamente aliado a Wrangel e aos "brancos", repressivo contra os militantes bolcheviques georgianos (presos em massa) –, ainda não se vê como justificar a invasão: o governo burguês finlandês era, sob todos os aspectos, bem pior (execuções maciças de militantes comunistas) e, no entanto, jamais se cogitou invadir a Finlândia independente. O argumento da "insurreição bolchevique georgiana" era, de acordo com a confissão de Lominadze, secretário-geral do partido comunista georgiano, pouco substancial: "Nossa revolução começou em 1921, pela conquista da Geórgia por meio das baionetas do Exército Vermelho. A sovietização da Geórgia apresentou-se como uma espécie de ocupação pelas tropas russas"[13].

O pior foi que – para retomarmos uma expressão utilizada por Rosa Luxemburgo em 1918, ao criticar seus camaradas bolcheviques – Trótski "fez da necessidade uma virtude": tentou formular uma justificação teórica, "de princípio", sobre a intervenção na Geórgia. Seu primeiro argumento era tipicamente economicista: "É normal que o direito dos povos de disporem de si próprios não saberia estar acima das tendências unificadoras, características da economia socialista"[14]. Para ele, a federação soviética devia combinar a unificação econômica com a liberdade das diferentes culturas nacionais. O que desaparece, nesse raciocínio, é pura e simplesmente o aspecto propriamente *político* – a liberdade de separação, condição indispensável à livre união.

Pior: Trótski chegou a sugerir que o direito à autodeterminação só se aplicava em caso de luta contra o Estado burguês:

> Não somente reconhecemos, como apoiamos com todas as nossas forças o princípio do direito dos povos de disporem de si próprios onde for dirigido contra os Estados feudais, capitalistas, imperialistas. Porém, onde a ficção da autonomia nacional, nas mãos da burguesia, se transforma em arma contra a revolução do proletariado, não temos nenhuma razão para agir de modo diferente do que fazemos com todos os princípios da democracia transformados em opostos pelo Capital.[15]

Ao ler essas linhas, temos dificuldades em compreender por que Trótski se opunha tão categoricamente à invasão da Polônia em 1920: a independência da Polônia não se tornaria – bem mais que a da Geórgia, que jamais ousara invadir o território soviético – "uma arma nas mãos da burguesia contra a revolução do proletariado"?

[13] Citado por Weistock, que, na época, como militante marxista revolucionário, tentou justificar o raciocínio de Trótski, mas admitiu que seus argumentos sobre esse assunto eram fracos: "Reconhecemos, aliás, que as explicações fornecidas por Trótski sobre esse tema constituem uma tentativa pouco convincente de expor uma versão errônea dos fatos. Como poderia ser de outro modo, sabendo que ele foi um adversário resoluto da revolução pela conquista, pois esta reanimaria, nos povos libertos do regime burguês, o nacionalismo antirrusso engendrado pela opressão tsarista?"; Nathan Weistock, "Entre rouges et blancs", em Leon Trótski, *Entre impérialisme et révolution* (Bruxelas, La Taupe, 1970), p. 25.

[14] Leon Trótski, *Entre impérialisme et révolution*, cit., p. 154-5.

[15] Ibidem, p. 159.

Ainda mais interessante – e que, em certa medida, contradiz o que acabamos de ler – é o trecho seguinte:

> A República Soviética de modo algum se dispõe a substituir com sua força armada os esforços revolucionários do proletariado de outros países. A conquista do poder por esse proletariado deve ser o fruto de sua própria experiência política. Isso não significa que os esforços revolucionários dos trabalhadores – da Geórgia, por exemplo – não possam encontrar um apoio armado externo. Porém, é preciso que esse apoio venha no momento em que a necessidade foi preparada pelo desenvolvimento anterior e amadureceu na consciência da vanguarda apoiada pela simpatia da maioria dos trabalhadores.[16]

Essa afirmação tem a vantagem de reafirmar o princípio democrático do direito das nações de disporem de si próprias, justificando um "apoio externo" somente aos movimentos que gozam da simpatia da maioria popular. O problema é que, com toda evidência, esse não foi o caso na Geórgia...

Foi a respeito da Geórgia que aconteceu o confronto entre Lênin, já gravemente doente, e Stálin, em 1922-1923: o "último combate de Lênin", de acordo com o título do célebre livro de Moshe Lewin[17]. As divergências entre os dois dirigentes bolcheviques acentuaram-se ao longo dos anos, mas a partir de 1920 pode-se perceber uma lógica radicalmente diferente na elaboração de seus escritos e propostas. Enquanto Lênin insistia na necessidade de uma atitude tolerante com relação aos nacionalismos periféricos e denunciava o chauvinismo grão-russo, Stálin via nos movimentos nacionais centrífugos o principal adversário e se esforçava em construir um aparelho estatal unificado e centralizado. Após a invasão da Geórgia em 1921, Lênin propôs que se tentasse chegar a um compromisso com Jordania, o líder dos mencheviques georgianos. Stálin, ao contrário, em julho, ao pronunciar um discurso em Tíflis, insistiu na necessidade de "esmagar a hidra do nacionalismo" e de "destruir a ferro incandescente" os sinais de vida dessa ideologia[18].

O conflito eclodiu entre Stálin (com seu aliado Ordjonikidze) e os comunistas georgianos, Mdivani e seus amigos, apoiados por Lênin, com relação ao grau de autonomia da República Soviética da Geórgia na União Soviética em formação.

[16] Ibidem, p. 158.

[17] Moshe Lewin, *Dernier combat de Lenine* (Paris, Minuit, 1967).

[18] Javier Villanueva, *Lenin y las naciones*, cit., p. 455-9.

Lênin discursa em comício por ocasião da inauguração de um monumento temporário ao líder cossaco Stenka Razin na Praça Vermelha, em Moscou, no 1º de maio de 1919.

Para além das questões locais, o que estava em questão era simplesmente o futuro da URSS. Lênin, numa luta tardia e desesperada contra o chauvinismo grão-russo do aparelho burocrático, consagrou os últimos momentos de lucidez a desafiar o principal chefe e representante dessa tendência: Josef Stálin. Não parou de denunciar, em notas ditadas a sua secretária em dezembro de 1922, o espírito grão-russo e chauvinista "desse patife e desse opressor que é, no fundo, o típico burocrata russo", e a atitude de certo georgiano "que lança desdenhosamente acusações ao 'social-nacionalismo' (enquanto ele próprio é não apenas um verdadeiro, um autêntico 'social-nacional', como ainda é um brutal agente de polícia grão-russo)". Lênin, aliás, não hesitou em citar o Comissário do Povo para as Nacionalidades: "Penso que um papel fatal foi desempenhado aqui pela pressa de Stálin e por seu gosto pela administração, assim como por sua irritação contra o famoso 'social-nacionalismo'". Voltando ao assunto georgiano, ele insistiu: "É óbvio que Stálin e Dzejinski sejam, do ponto de vista político, os responsáveis por essa campanha fundamentalmente nacionalista grão-russa". A conclusão desse "testamento de Lênin" foi, como se sabe, a proposta de substituir Stálin no topo do secretariado-geral do Partido. Infelizmente, era tarde demais...[19]

[19] Vladímir Lênin, "La Question des nationalités ou de l'autonomie", em *Questions de la politique nationale et de l'internationalisme prolétarien*, cit., p. 238-44. Cf. Moshe Lewin, *Dernier combat de Lenine*, cit.

Enquanto o procedimento de Stálin era fundamentalmente estatal e burocrático – reforço do aparelho, centralização do Estado, unificação administrativa –, Lênin estava preocupado antes de tudo com a repercussão internacional da política soviética:

> O prejuízo que pode causar a nosso Estado a falta de aparelhos nacionais unificados ao aparelho russo é infinita e incomensuravelmente menor que aquele que resultará para nós, para toda a Internacional, para as centenas de milhões de homens dos povos da Ásia, que aparecerá depois de nós na vanguarda da cena histórica num futuro próximo.

Nada seria tão perigoso para a revolução mundial do que "adotarmos, mesmo em questões de detalhe, relações imperialistas com as nacionalidades oprimidas, despertando assim a suspeita sobre a sinceridade de nossos princípios, sobre nossa justificativa do princípio da luta contra o imperialismo"[20]. A imobilização de Lênin, por um novo acidente vascular cerebral no início de 1923, afastou o principal obstáculo ao controle do aparelho do partido por Stálin.

Trótski, que desde 1923 se tornou o principal adversário da burocracia stalinista, retomou, por sua conta, o combate de Lênin contra o chauvinismo burocrático. A plataforma da oposição de esquerda (1927) defendia os velhos bolcheviques georgianos "colocados em desgraça por Stálin", mas "calorosamente defendidos por Lênin durante o último período de sua vida". A plataforma exigia a publicação dos últimos textos de Lênin sobre a questão nacional – deixados na gaveta por Stálin – e, na conclusão, insistia em que o "chauvinismo, sobretudo quando se manifesta por intermédio do aparelho de Estado, permanece o principal inimigo da aproximação e da união das massas trabalhadoras das diversas nacionalidades"[21].

Apesar de, ainda em 1940, Trótski não questionar a "sovietização" forçada da Geórgia – na sua biografia de Stálin, criticava sobretudo o método e a escolha do momento, mas não o princípio da intervenção[22] –, nos artigos sobre a Ucrânia, em 1939, proclamava alta e fortemente o direito dessa nação à autodeterminação e sua simpatia pela perspectiva de uma Ucrânia soviética

[20] Vladímir Lênin, "La Révolution socialiste et les droits des nations à disposer d'elles-mêmes", cit., p. 244-5.

[21] Leon Trótski, *Les Bolchéviks contre Stáline, 1923-1928* (Paris, Publications de "Quatrième Internacionale", 1957), p. 116-7.

[22] Leon Trótski, *Stálin*, v. 2 (Londres, Panther, 1969), p. 46.

independente da URSS. Nesse texto, voltava-se também para os debates dos anos 1920 sobre a Geórgia e a Ucrânia, apresentando-os como um confronto entre "a tendência mais centralista e a mais burocrática", representada "invariavelmente" por Stálin, e as propostas de Lênin, que insistiam na urgência de "fazer justiça, na medida do possível, a essas nacionalidades outrora oprimidas". Desde essa época – complementava –, os aspectos centralistas-burocráticos "se desenvolveram monstruosamente e estrangularam por completo qualquer espécie de desenvolvimento nacional independente dos povos da URSS"[23].

Moral – provisória – da história, à luz da experiência da Revolução de Outubro –, mas também dos recentes acontecimentos na Europa (fragmentação da ex-Iugoslávia):

1. A utopia – no sentido forte do termo – de uma livre federação socialista de nações iguais em direito, gozando do direito de separação, e assegurando às minorias nacionais uma plena autonomia territorial e/ou cultural, permanece duplamente atual. Por um lado, ante os confrontos étnicos; e, por outro, diante das unificações neoliberais que se realizam sob a égide do capital financeiro.

2. O direito das nações à livre disposição de si próprias não pode ser subordinado a nenhum outro objetivo – por mais anti-imperialista, proletário ou socialista que seja –, mas unicamente limitado pelos direitos democráticos das outras nações. Em outros termos: uma nação não pode se valer da autodeterminação para negar o direito de nações vizinhas, para oprimir suas próprias minorias ou praticar a "limpeza étnica" no seu território.

3. Do ponto de vista internacionalista, que é o do marxismo, as questões de fronteiras, os "direitos históricos" e as reivindicações territoriais "ancestrais" são desinteressantes. O critério principal para tomar posição diante dos conflitos nacionais e das exigências nacionais contraditórias é a *democracia*.

4. Os revolucionários são, via de regra – a principal exceção sendo situações de tipo colonial –, mais favoráveis às grandes federações multinacionais – com a condição de que sejam autenticamente democráticas – do que aos pequenos Estados pretensamente "homogêneos". Lutarão para convencer os povos implicados, mas são estes últimos, no exercício democrático do direito à autodeterminação, que devem, em última análise, decidir por uma ou outra forma de organização política.

[23] Idem, "La Question ukrainienne" [1939], em *Entre impérialisme et révolution*, cit., p. 184-8.

ДА ЗДРАВСТВУЕТЪ
ПРАЗДНИКЪ
ВСЕМІРНОЙ
АРМІИ ТРУДА

Na página ao lado, trabalhadores da fábrica de tratores Putilov, em eleição para o soviete de Petrogrado, junho de 1920.

Soviete:
Dentro e além do "século breve"[1]

Antonio Negri

1. Ao abordar o problema da democracia em termos marxistas, em busca de um poder constituinte próprio da classe trabalhadora, deparamo-nos com a relação histórica entre estrutura objetiva do processo econômico e dinâmica subjetiva da decisão. Esta última não será interpretada aqui à maneira da ciência política clássica, ou seja, como elemento pontual, dramático e factual de inovação institucional, mas simultaneamente como processo de destituição do velho poder e expressivo de um poder constituinte por parte do sujeito revolucionário. Para entender que esse processo não se resolve simplesmente num "momento" – que ele não é uma "exceção", e sim um "excedente" –, podemos assumir um ponto de vista "genealógico", como Foucault, ou melhor, um "ponto de vista de classe". Assim o denominavam os "operaístas" ao descrever, preparar e construir um processo revolucionário na perspectiva da realização de uma tendência, gerenciada pelas lutas da classe operária e interpretada por um sujeito que instaura sua organização. Esse é, aliás, o método de *O príncipe* – mas o sujeito evidentemente não é o mesmo na análise que estamos desenvolvendo aqui; o sujeito é a classe operária russa, no período em que se forma nos sovietes, se organiza no partido e desenvolve sua luta entre 1905 e 1917, e depois, no "século breve", dissolve suas instituições originais na gestão socialista do capital. Portanto, a primeira pergunta a se fazer é: qual era a estrutura da classe operária russa, ou melhor, a composição que permitiu esse desenvolvimento?

A composição da classe operária, portanto. Comecemos pelas noções mais gerais. Por composição entendemos duas coisas. Em primeiro lugar, a composição "técnica" da classe operária, quer dizer, a qualificação material, técnica, da relação que a massa dos

[1] Traduzido por Patricia Peterle. (N. E.)

trabalhadores, empregados no sistema de produção, tem com este. Assim, perguntamo-nos qual é a figura da "força de trabalho" relacionada ao "capital fixo" (máquinas, matérias-primas etc.), qual é a forma com que o modo de produção configura o corpo coletivo dos trabalhadores envolvidos na produção, e como o corpo coletivo dos trabalhadores condiciona a abordagem e o funcionamento maquínicos do comando empresarial. É evidente que a composição de classe se modifica permanentemente em relação às transformações do modo de produzir, e vice-versa. Em *O capital*[2], de Marx, são fornecidos pelo menos dois tipos de "modo de produzir": um primeiro, quando ao "desapossamento" das condições comuns e arcaicas de produção, determinado pela acumulação primitiva de capital, se sobrepõe a "manufatura", em que os operários se associam sem um horário prefixado de trabalho, assumem estruturas formais de cooperação do capital e produzem "mais-valor absoluto". Um segundo, a "grande indústria", quando o "mais-trabalho relativo" é extraído e transformado em "mais-valor" – tudo isso já é determinado pelo desenvolvimento tecnológico e é extraído pela elevada potência produtiva de cooperação operária, firmemente organizada na fábrica. No final do século XIX, no texto *Desenvolvimento do capitalismo na Rússia*, ao tratar da temática da composição da classe operária russa, Lênin aplica a definição marxiana de composição técnica, identificando a condição do desenvolvimento russo na passagem entre "manufatura" e "grande indústria".

Mas aqui é preciso levar em conta uma segunda figura, complementar à primeira: é a composição "política" da classe operária. Entendemos com isso as formas da "consciência política" do proletariado, as "condições reflexivas" ligadas a seus comportamentos, a relação que elas mantêm com seus processos organizativos. Deve-se considerar também que os comportamentos políticos do proletariado são profundamente diferentes em cada um desses momentos do desenvolvimento (acumulação primitiva, manufatura, grande indústria), tanto quando são passivos como quando operam ativamente. Já percebemos quanto podem ser passivos ao aludir à maneira como o proletariado é incluído no modo de produção capitalista, por meio da acumulação originária. Aqui a exploração é extrativa e, portanto, relativamente indiferente à própria vida do trabalhador: a ataca cruelmente, mas não é modificada por ela. A relação se torna, ao contrário, totalizante e disciplinar, relacional, no caso da manufatura. Enfim, introduz elementos biopolíticos na organização da grande indústria, quando as condições sociais e culturais da produtividade começam a ter um papel central na determinação das taxas produtivas. Contudo, a diversidade é ainda mais

[2] *O capital: crítica da economia política* (São Paulo, Boitempo, 2013-2017), 3 livros. (N. E.)

relevante quando analisamos a composição política do proletariado do ponto de vista da sua atividade. Trata-se, aqui, de apreender, quando se expressam formas de resistência ou de rebelião diante da exploração, as tonalidades da produção de subjetividades que anima esse movimento. Evidentemente não quero lembrar aqui os *Ciompi*[3] florentinos ou as revoltas nas cidades reformadas da Alta Renânia, nem tampouco as revoltas dos camponeses franceses nos século XVI e XVII – também estudadas amplamente na perspectiva do marxismo. Quero simplesmente voltar às descrições marxianas das revoltas e tipificá-las ao redor de três modelos na fase mais recente da acumulação capitalista.

Temos, então, em primeiro plano as formas de revolta do *operário*, por assim dizer, *indiferenciado*, desprovido de qualificação, na primeira expansão industrial difundida, e agora hegemônica, nas metrópoles do Ocidente, entre 1848 e 1870. Aqui, a revolta é de multidão, tem dimensões imediatas de conflito, organiza-se em assembleias cuja ordem é dada por uma representação – é necessária uma direção para organizar o tumulto. A Comuna de Paris representa o ponto mais alto desse tipo de desenvolvimento revoltoso. Entre 1870 e 1917, ao contrário, estamos diante de um novo modelo que se articula em formas diferentes de organização da força de trabalho. Quando a manufatura está se transformando em grande indústria e a força de trabalho já não é genérica e indiferenciada, mas se qualifica, é o *operário profissional*, então, quem leva para dentro da massa operária, como corpo coletivo, um elemento de direção, de compreensão do desenvolvimento industrial e de crítica da exploração – e sobretudo a organização da luta. É suficiente ilustrar aqui o alto exemplo de organização do trabalho em revolta, mostrado, justamente nesse período, pelos *Räte* alemães e pelos sovietes russos – formas de organização nas quais o saber da indústria é tirado do empresário e levado para a consciência organizada dos trabalhadores qualificados em luta. Eis de onde devemos partir para iniciar a análise do soviete dentro do "século breve".

Mas, como nos colocaremos também o problema de definir a importância ideal do soviete depois, fora do "século breve", será útil recordar outras duas figuras de composição técnica da força de trabalho que se afirmam depois da Revolução e nos debruçar sobre as consequências que elas eventualmente podem determinar no terreno político. Entre 1917 e 1968, é o *operário-massa* da grande indústria taylorizada que configura a parte viva de todo o capital, ator de uma relação disciplinada com o capital fixo, que encarnará a composição

[3] Trata-se de uma revolta popular ocorrida em Florença, em 1378. Essa revolta, na história europeia, é considerada um dos primeiros exemplos de mobilização por motivos econômicos e políticos. (N. T.)

"técnica" da classe operária. Resultará daí uma composição "política" que projeta na relação sindicato/partido a dinâmica de representação e de direção, transformando a reivindicação econômica massificada em exigência de poder. O Partido, como definido entre a Segunda Internacional socialista e a Terceira Internacional comunista, torna-se a forma política do operário-massa. Depois de 1968, abre-se uma nova época, a do *operário social*, *multinacional*, *cognitivo*. Mais tarde voltaremos à definição desse tipo de trabalhador e às figuras políticas nas quais ele se expressa.

Pode-se evidenciar aqui um problema. Ao definir a relação entre "composição técnica" e "composição política", atuamos, por assim dizer, em termos deterministas. Estabelecemos uma relação (ainda que apenas tendencialmente) necessária entre um modelo de organização do trabalho e um modelo de organização política. É preciso, contudo, corrigir toda imagem de necessidade aplicada a essa relação: sua realidade e verdade são puramente tendenciais, a qualquer momento o processo compositivo pode ser casualmente interrompido, ou melhor, rompido deliberadamente. Além disso, quando se fala de formas organizativas específicas ("conselho" ou Partido), de um lado elas são tendencialmente (portanto, de modo dinâmico, mas incompleto) determinadas pela forma da produção, mas, por outro, são profundamente influenciadas pelas estruturas sociais e culturais, e em geral pelas condições históricas e vitais próprias, específicas para cada figura singular do proletariado. *A relação ontológica entre composição técnica e composição política da classe trabalhadora não é estática* – de forma alguma pode ser interpretada de maneira determinista. Mais do que isso, tal relação é qualificada pelas diversas formas nas quais o sujeito produtivo dá vida ao capital, ao trabalho morto. A analogia temporal e espacial, internacional, entre essas formas de organização aumenta à medida que se aprofunda a integração do mercado mundial e se afirmam ciclos globais de luta.

Retomemos, porém, as determinações singulares dos movimentos. Há um slogan que Gramsci propôs: "pessimismo da razão e otimismo da vontade", como modelo do pensamento comunista na resistência contra o fascismo. Tal *slogan* significa uma forte inteligência do negativo e uma injunção contraditória à militância desenvolvida dentro da "revolução passiva", quando se resiste e se luta pela subversão daquela negatividade que se avalia poderosa. Em época de insurreição, contudo, o slogan pode ser invertido: "otimismo da razão e pessimismo da vontade" – quando a força da tendência é vista como prioritária em relação às dificuldades da sua atuação concreta. É o que acontece naquela passagem insurrecional que dá início ao "século breve", quando aos sovietes não é somente pedida a realização da revolução, mas é atribuída a consequente tarefa de "eletrificar a Rússia" – isto é, quando se pede à organização dos operários qualificados o esforço de industrializar, de construir o desenvolvimento da grande indústria em toda a Rússia. A revolução organiza esse otimismo da razão e confia à organização dos "conselhos operários" a tarefa – que reconhece difícil, quase sobre-humana – de guiar com atenção tática e cautela política a construção de uma nova sociedade – e antes, e fundamentalmente, de formar as vontades para organizar esse salto adiante. Seja como for, com o otimismo da razão, com um grande esforço da vontade, não será possível alcançar o objetivo pelos sovietes, pela base. Surge, então, outro instrumento; as insuficiências serão supridas pelo Partido:

> O indivíduo tem dois olhos
> O Partido tem mil olhos.
> O Partido vê sete Estados
> O indivíduo vê uma cidade.
> O indivíduo tem sua hora
> Mas o Partido tem muitas horas.
> O indivíduo pode ser liquidado
> Mas o Partido não pode ser liquidado.
> Pois ele é a vanguarda das massas
> E conduz a sua luta
> Com os métodos dos Clássicos, forjados a partir
> Do conhecimento da realidade.[4]

2. Com essa apologia brechtiana da eminência do Partido, entramos assim na história do "século breve". Uma vasta literatura contou-nos como nasceram os sovietes na Rússia. Eles foram inventados pela classe operária em luta ao longo da revolução de 1905. É inútil enfatizar que, no ciclo global de lutas em torno do ano de 1905, formas análogas de organização operária de fábrica surgiram em todo o mundo industrializado, dos Estados Unidos à Alemanha e à Rússia. É inútil também lembrar o formidável debate que o nascimento dos sovietes determinou, a partir de 1905, entre Lênin, Rosa Luxemburgo, Karl Bernstein, Kautsky etc... Vale a pena, sim, lembrar que, já na primeira onda de industrialização

[4] Bertolt Brecht, *Poemas 1913-1956* (org. trad. Paulo César de Souza, São Paulo, Editora 34, 2012), p. 115. (N. T.)

russa, nos anos 1870, se formaram as primeiras importantes formas de caixas operárias de resistência e de "conselhos" para a organização da espontaneidade operária em luta. Em 1885, identifica-se, então, o surgimento de um primeiro "conselho" operário em Ivanovo-Voznesensk, na zona têxtil adjacente a Moscou. A partir desse momento, a ação insurrecional operária se caracteriza, até 1917 e também depois, pela organização dos sovietes. Os sovietes são, portanto, uma figura originária de "democracia operária", apresentando-se, imediatamente, como expressão da emancipação econômica e da libertação política dos trabalhadores em luta. São portadores de uma democracia "de base" capaz de se generalizar por toda a estrutura industrial da Rússia. Ao longo do processo revolucionário russo, a figura e a tarefa do soviete se transformam. Antes de tudo, ele se generaliza como instrumento democrático de base e se espalha da fábrica para os sovietes dos soldados, dos camponeses e dos artistas etc. Em segundo lugar, ele se expressa como contrapoder político, indicando ao mesmo tempo uma via constitucional específica: a do federalismo das instâncias de base, da organização de uma democracia fundada em conselhos de trabalhadores, bem organizados e espalhados na produção. Observe-se que essa já era a organização adotada pela Comuna de Paris quando um Comitê central procurou organizar vários conselhos operários e cidadãos da metrópole parisiense em luta. No entanto, essa estrutura foi derrotada. Marx já criticava a insuficiência dos comunardos em adotar um modelo eficaz de organização. Lênin faz o mesmo. Ele critica os sovietes enquanto simples organização democrática de base e denuncia como ilusória sua promessa constituinte de um governo democrático vindo de baixo. Ao contrário, considera factível sua pretensão de constituir organismos de emancipação econômica e de libertação social dos trabalhadores, propondo-lhes a figura institucional de gestores do desenvolvimento.

É o que acontecerá. Lênin, o "ocidental", tem sucesso na operação de encerrar o poder constituinte das massas, dos sovietes, nas malhas da organização da insurreição por parte do Partido e da organização da produção por parte do Estado. A aporia da relação entre composição técnica e composição política da classe operária nessa fase – uma aporia acentuada pelo desnível de uma classe operária ainda amplamente "oriental", em relação ao modelo "ocidental" de construção do socialismo aqui imposto – é multiplicada na tela da grande política e projetada entre um processo de constituição ativa do socialismo e sua fixação institucional, entre produtividade do trabalho vivo e organização de empresa. Lênin confia esse papel ao partido bolchevique, à sua capacidade de centralização iluminista e de vanguarda tecnocrática. Entramos, com isso, no "*acordo soviético*", um acordo entre *trabalho vivo e empresa econômica*, entre poder constituinte da classe operária

Retrato de Vladímir I. Lênin feito em Paris, em 1910.

e regra de empresa. Desta vez, não há determinismo tecnológico na constituição "política" da classe trabalhadora; ao contrário, há a decisão política de constituir uma nova composição "técnica". A emancipação econômica será a consequência da libertação política, e o soviete se coloca entre essas duas instâncias. Para Lênin, o poder constituinte não é simplesmente a capacidade de legitimar a apropriação dos meios de produção por parte dos que tinham sido expropriados deles, mas é a sua *mise en forme* na indústria. *A espontaneidade democrática do soviete deve ser organizada na racionalidade instrumental da empresa.* Há certo prometeísmo nessa operação; ela simula, invertendo-o, o sentido capitalista da constituição do social, da sua subsunção no capital, impondo, ao contrário, a reapropriação do capital não simplesmente como instituto, mas como atividade. Um novo conceito de poder constituinte e, ao mesmo tempo, a mais alta prova da potência, da modernidade do soviete, consistem nessa radicalidade de um ato criativo do social – econômico e político ao mesmo tempo. O soviete torna-se o elemento fundamental da constituição revolucionária. Depois de ter sido recusado por Lênin como instrumento da espontaneidade, inadequado para organizar toda a sociedade, é assumido como força capaz de garantir essa tarefa totalitária (e é claro que aqui a totalidade não é, no desenho revolucionário, opressiva ou alienante, mas criativa e libertadora).

Sabe-se em que assustadora medida esse projeto acabou fracassando. O "século breve", contudo, caracteriza-se pelo *contínuo reemergir* da "instância soviética" em toda a experiência revolucionária subsequente, a partir da chinesa e, depois, ao longo das guerras de independência coloniais e das múltiplas experiências de luta de classe resistentes ao fascismo. E, novamente, é sempre o soviete que renasce e se organiza. Aqui, é suficiente pensar na revolução alemã no primeiro pós-guerra, nas repetidas experiências italianas de construção de conselhos em 1919 e em 1945, nas experiências húngaras no final da Primeira Guerra Mundial e em 1956, nas várias fases da Revolução Chinesa etc. São sempre os sovietes que emergem como primeira instância revolucionária. Ao observar esse fenômeno, muito frequentemente autores ocidentais anticomunistas equivocaram-se ao ver os sovietes como uma experiência antibolchevique. De fato, às vezes o foram, mas é também verdade que o bolchevismo foi a única experiência estatal que tentou um acordo radical com os sovietes. Por que, então, essa experiência se rompeu? Desde o início, Max Weber insistiu em ressaltar que as condições previstas por aquele modelo não existiam na Rússia. Existia a revolta das massas, existia a escassa dimensão do desenvolvimento capitalista e a instância para superar os obstáculos que o impediam, mas não existia a possibilidade de mediação social, as classes sociais capazes dessa operação, portanto, os pressupostos da democracia. O partido leninista era um mísero substituto desse vazio. Em todo caso, para governar, precisaria de uma sociedade civil com a qual empreender um fervoroso intercâmbio. A única conclusão – previa então Weber – teria sido um "socialismo de Estado". Na solução leninista, a falta de uma sociedade civil digna desse nome teria rapidamente transformado a ditadura democrática do proletariado em ditadura burocrática do partido. A pobreza das condições em que o experimento soviético se exercitava teria determinado seu triste fim. Não se pode pensar que a violência ideológica da crítica weberiana seja desprovida de verdade. Efetivamente, aquelas condições materiais determinaram o desenvolvimento democrático da revolução soviética e impediram um exercício democrático do poder. Acrescentem-se ainda o isolamento internacional da revolução, o financiamento capitalista de armadas contrarrevolucionárias que tentaram a derrubada do novo regime – e depois outros problemas como a questão da paz, a redefinição das fronteiras, o reconhecimento dos nacionalismos, a difícil questão agrária etc., que não se apresentam apenas como obstáculos a serem superados, mas como limites quase sempre insuperáveis do processo constituinte.

Pode-se concluir que tais dificuldades determinaram uma mudança na natureza do sujeito constituinte soviético? Não nos parece que tudo isso – que também é grave – seja decisivo para justificar esse destino. Decisivo é, sobretudo, o fato de que o partido, *aquele partido*, tenha tomado o poder. É o que afirma Rosa Luxemburgo, para quem as condições para um desenvolvimento autêntico do poder constituinte comunista estavam dadas. Para ela, o poder constituinte comunista é formado por quatro elementos: em primeiro lugar, a iniciativa das massas, sua organização democrática, o sovietismo; em segundo, uma progressão temporal ininterrupta da iniciativa revolucionária, a capacidade de articular a transformação e de estabelecer a infinitude de seu projeto; em terceiro lugar, o enraizamento econômico do poder constituinte, a capacidade de impor a inovação democrática não apenas no terreno político, mas também e sobretudo no industrial – a democracia pode ser impulsionada até onde a coletivização é possível; e enfim a dimensão espacial, ou seja, uma dialética adequada entre centralização internacional e autodeterminação nacional, de modo que a potência da união internacional dos trabalhadores pudesse enfrentar vitoriosamente a desagregação e a separação das forças proletárias, determinadas pelo inimigo. *Assim, só uma democracia de massa, revolucionária, internacionalista, soviética, é capaz de organizar funcionalmente todo o conjunto dos componentes revolucionários do poder constituinte.* Rosa Luxemburgo não tem dúvidas sobre a compatibilidade entre ditadura proletária e sufrágio universal: "a ditadura consiste no sistema de aplicação da democracia, não na sua abolição... a ditadura de classe ativa a participação das massas"; "o idealismo e o ativismo social das massas são solicitados pela ilimitada liberdade política". Enfim, segundo Rosa, não existem condições objetivas capazes de bloquear a realização do princípio constituinte soviético. O que determina o curto-circuito do acordo leninista está mais relacionado com as condições subjetivas do processo, porque a participação democrática não é sincrônica com os outros elementos da subversão revolucionária. Rosa insiste que é apenas na radicalidade do projeto democrático que o comunismo pode conjugar a libertação do proletariado e um projeto de reconstrução produtiva da riqueza social. Ao contrário, o soviete dissolve a sua potência quando é institucionalizado como órgão de controle da participação proletária na organização da produção, como instrumento de planejamento. O soviete assume, então, a forma de uma institucionalidade subordinada à variável operária na organização do trabalho e a serviço das finalidades da acumulação, agora voltadas simplesmente para a reprodução do capital como um todo. Há, nesse ponto, uma espécie de monstruoso reflexo capitalista que se espelha no acordo soviético.

3. Estamos sempre no "século breve", e aqui devemos registrar um fato. Independentemente de como as coisas tivessem se resolvido na Rússia, aquela relação contraditória entre o soviete e a empresa, entre o poder constituinte e a regra de empresa já não pode ser eliminada do centro da consideração constitucional. No desenvolvimento da organização constitucional da força de trabalho, no Ocidente, o soviete acabou por ter um lugar central na cena política e apresentou-se como marca de um bom equilíbrio de mercado no projeto de reformismo capitalista. *O horizonte estava invertido.* Se para a imaginação proletária, tanto no Ocidente como no Oriente, parecia vital não tanto a forma do acordo soviético, e sim a força do soviete, aqui acontecia o contrário. O cínico economicismo que impedira o processo constituinte (soviético) na URSS tornou-se, paradoxalmente, um terreno que devia ser analisado, uma forma que não se podia excluir da consideração política, toda vez que se colocasse um projeto de recomposição constitucional da força de trabalho. A experiência constituinte soviética, logo depois de 1917, longe de se restringir ao Estado socialista, passou a ser um problema do Estado capitalista. De fato, é a partir do bloqueio da experiência revolucionária dos sovietes na Rússia, da sua recuperação nas estruturas de um planejamento rígido, que a prática reformista do capital acerta suas contas com o soviete. O capital extrai preciosos ensinamentos da forma da institucionalização do soviete. Temos os primeiros avisos e indicações num nível ainda fragmentário, nas teorias da empresa dos anos 1920, mas sobretudo na forma aberta e socializante dos institutos de regulação da força de trabalho associada, fornecida pelo constitucionalismo de Weimar. Era o sonho de encerrar o trabalho vivo massificado, aquele típico da grande produção industrial – portanto, bem além de qualquer experiência artesanal ou qualificada –, no interior de uma figura de "mercadoria democrática". Alguns ideólogos burgueses, entre os quais Hans Kelsen, efetivamente consideravam o sovietismo um modelo de parlamentarismo ampliado, incluindo o trabalho na definição da cidadania.

Mas é numa segunda fase, de forma muito menos ideológica, que o sovietismo reaparece num mundo democrático: acontece depois da grande crise de 1929, com as políticas de planejamento inspiradas no keynesianismo. Aqui a participação operária é compreendida como elemento ativo na distribuição da riqueza social. Desse modo, o Estado planificado capitalista rende-se à necessidade de se defrontar com as dimensões assumidas pelas relações de força entre as classes (dentro do "século breve", na permanente ameaça da União Soviética sobre as relações internacionais), sempre para imobilizá-las, para endurecê-las dentro das suas finalidades de exploração. O fascismo e o nazismo não pensarão em termos muito diferentes. O fato é que a vida produtiva já tinha se tornado *outra coisa*: tinha se tornado biopolítica, porque a produção era feita por meio da sociedade e implicava não mais somente as competências operárias exploradas dentro dos espaços e tempos determinados, mas a vida dos cidadãos, a circulação das linguagens e dos saberes. Esse era o novo tecido da produção, e ele logo coloca em crise esta última figura – fordista e keynesiana – do controle da classe trabalhadora.

Quando Hobsbawm definiu o século XX como o "século breve", delimitado entre 1917 e 1989 (o tempo da Revolução Russa), certamente captou um ponto central de periodização. Mas não há dúvida de que o reflexo da Revolução Russa não se encerra no "século breve", mas se estende historicamente e assume outras figuras. Observe-se especialmente quanto, *depois da época dos sovietes, é inútil toda tentativa de reduzir a classe operária a pura força de trabalho* – e todas as vezes que se faz esse tipo de tentativa política, ela é tornada inoperante pelas novas dimensões da relação de exploração. De fato, o trabalho vivo, ou seja, a capacidade de produzir, apresenta-se, sempre hoje, como se paradoxalmente tivesse passado pela experiência soviética, tanto que é valorizador apenas com base numa cooperação que deseja se libertar do comando. Na época da hegemonia do trabalho cognitivo, a produtividade mais elevada é a que brota do conjunto de linguagens e saberes cooperantes, que não precisam ser comandados mesmo dentro da estrutura da valorização capitalista. Poderíamos dizer que, depois de ter tentado alcançar esse resultado com a revolução, o trabalho vivo estende aquela experiência para o interior do modo de produção no século seguinte. *Desse ponto de vista, o "século breve" tornou-se um século demasiadamente longo.* Vivemos hoje num período em que ainda domina uma duríssima reação que parece não querer esquecer o que aconteceu na época dos sovietes, no "século breve". E isso se deve à profundidade da inserção da cooperação e do poder do trabalho cognitivo no mecanismo produtivo – ou seja, da prefiguração que o soviete revolucionário depositou –, um verdadeiro ovo da serpente no futuro do capitalismo e no por-vir da luta de classes. No neoliberalismo, o trabalho morto pretende controlar plenamente o trabalho vivo, mas o trabalho vivo é hoje um animal rebelde. Desde o momento em que a produção se tornou biopolítica, desde que a atividade produtiva invadiu a sociedade, desde que comprimiu o modo de produzir dentro da reprodução social. A resistência e a ruptura que essa transformação da figura do trabalhador determinou acontecem hoje nas praças, onde se desenvolvem novas experiências de luta.

Podemos chamá-las de "soviéticas"? A ditadura dos burocratas russos teve fim em 1989. Passaram-se somente dez anos antes que em Seattle e em todo o Ocidente, nos países que havia pouco tinham saído da chantagem que a "Guerra Fria" impusera na escolha entre modelos opostos de civilização (quando se tratava de uma única ditadura, a do capital) – tinham passado, portanto, apenas dez anos quando os primeiros grandes movimentos contra a globalização capitalista se desenvolveram. E uma década depois, a partir de 2011, as praças começaram novamente a se encher de gente, expressando o desejo de liberdade e a exigência de instituições do cidadão, opostas às novas formas da exploração financeira. De Nova York a Istambul, de Madri ao Cairo, e em muitos outros lugares, nas praças se expressou, entre os novos trabalhadores do saber, aquela mesma vontade de subversão que os operários dos *Räte* e dos sovietes conheceram. Cada novo ciclo de lutas repete a nostalgia do soviete nas diversas formas nas quais o modo de produção e a forma da exploração se modificaram. Sem dúvida, *falta o partido*. Mas, como reinventá-lo, sem passar por aquelas praças, sem considerá-las lugar de poder constituinte, soviete de um novo modo, social e cognitivo, de produção? O partido deve ser reinventado e confrontado, como já aconteceu com Lênin, como já se deu com todos aqueles que refletiram sobre o soviete, com as novas condições de trabalho. E onde está a vanguarda hoje? Está na fábrica ou na praça? Está no ponto em que as formas produtivas se entrecruzam na exploração com as relações capitalistas de produção – para romper seu vínculo. Hoje, a relação capitalista atravessa a sociedade e está, portanto, dentro da praça, é ali *dentro* que é preciso retomar a recusa da exploração e a luta do soviete contra o poder. O partido não está mais situado no *fora* de uma vanguarda que comanda a multidão e organiza a realidade. Só poderá estar situado dentro da multidão em revolta, aquela multidão que, sozinha, pode tomar o poder. *O partido é imanência materialista nas lutas.*

4. Coloquemo-nos no presente. O que se tornou hoje a classe operária? Ela é essencialmente constituída por trabalhadores que se movem dentro de um modo de produção socializado, no qual operam trabalhadores de ambos os gêneros, que trabalham segundo horários e contratos diferentes, precários e em tempo integral, utilizando meios de trabalho materiais e imateriais/cognitivos etc. Na classe dos trabalhadores concentra-se, hoje, o máximo das diferenças nas práticas trabalhadoras e das hierarquias no comando sobre o trabalho. Desde que a fábrica foi automatizada, robotizada, a clássica classe operária foi reduzida maciçamente. A sociedade foi informatizada, a produção se faz por meio de redes informáticas e se organiza nas hierarquias sociais que estão entre o trabalho cognitivo, mais refinado, e o trabalho manual, mais duro e pesado. Dentro dessas relações extremas, foi por água abaixo qualquer possibilidade de relacionar decentemente o trabalho à "lei do valor" (na sua formulação clássica) e dissolveu-se qualquer hipótese de "democracia de empresa" que leve a um modelo de "democracia social". É sobre a socialização da produção que hoje se implantam os ciclos de acumulação capitalista: no interior dessa ciclicidade, as crises atuam como instrumentos de gestão do desenvolvimento. De algum modo, a relação entre composição técnica e composição política se achatou e o modelo leninista de transformar os sovietes, de estrutura técnica do trabalho na fábrica em projeto político de domínio proletário, é impraticável. *A centralização política já não pode ser vista como um* fora *porque a produção social não tem* fora, *é apenas um* dentro. O mais-valor e o excedente só podem vir de dentro, do ponto mais interno do trabalho social. Mas aqui poderíamos objetar que, se as coisas chegaram a esse ponto, cada associação independente, que esteja entre o produzir mercadorias e o produzir subjetividade política (e muito mais um eventual soviete), já não pode emergir. De fato, parece que a relação entre capital constante e força de trabalho, entre patrão e capital variável, é de qualquer modo não identificável e, portanto, espinhosa. E que o comando se difunde tão amplamente que não é possível encontrar cada ponto de ruptura, cada interseção crítica ou polêmica de uma dessas potências sobre a outra. Contudo, ali dentro, no cadinho da produção, a vida e as mercadorias, o trabalho e as máquinas, tudo se entrelaça de maneira dialética. *Dentro* está o inferno. Assim, ali dentro, a força de trabalho, o trabalho vivo – ou seja, a única potência que determina valor, que cria valor –, se confronta hoje com o capital, não desarmada e solitária, mas sempre de forma cooperativa e expressando uma potência comum diante do capital como um todo. A força de trabalho – enquanto cooperativa e cognitiva – é hoje mais potente do que nunca foi quando se colocava em relação ao capital. E mantém com as máquinas, com os tempos e os espaços do processo produtivo, uma relação agressiva de *apropriação de capital fixo* e de *produção de subjetividades*. Isso significa que, em primeiro lugar, quando a produção se torna essencialmente biopolítica, socializada e intelectualizada, a potência da cooperação se expressa diretamente na organização do trabalho. Em segundo lugar, que, através da cooperação, e da incidência direta do trabalho cognitivo, assistimos aqui a uma reconfiguração das várias forças e dos vários elementos que constituem o capital fixo. Os espaços ocupados pelas máquinas transformam-se em redes, plataformas logísticas e algorítmicas, os tempos consumidos pelas máquinas tornam-se fluidos e contínuos, a mobilidade e a flexibilidade que o trabalho cooperativo predispõe nesses espaços e nesses tempos se tornam *maquínicas*. Assim, o "capital fixo" é mobilizado, penetrado e reproduzido, em forma maquínica, pelo trabalho vivo. A produção de subjetividades está na condição de atravessar e passar à frente dentro dos/contra os elementos do capital fixo que o patrão ainda controla. É essa a condição geral determinada pela dimensão social da produção. Quando a cooperação se torna central nesse processo, a vida do trabalhador, com suas expressões múltiplas – inteligência e afetividade, potências materiais e imateriais do trabalho –, determina a qualidade do produto. A cooperação se dá em formas biopolíticas, a vida se produz e se reproduz no desejar e no consumir, no produzir cooperando e na busca por riqueza, bem-estar, segurança na cooperação. Eis, portanto, como se determina a relação entre composição técnica e composição política da nova força de trabalho e como novas potências biopolíticas da produção se determinam – no novo soviete.

Novamente se objeta. Tudo isso ainda não é político, não expressa poder. Ainda está submetido ao comando do capital total na sua forma financeira. Ainda é dominado com sistemas de comando que se aperfeiçoam e se multiplicam seguindo a flexibilidade e a mobilidade das redes produtivas a ponto de determinar produções de subjetividades completamente adequadas ao desenvolvimento capitalista e ao seu comando. Então, que fantasias são essas de ver a virtualidade de uma potência em ato quando sua possibilidade é nada, esmagada pelo biopoder capitalista? Certamente, aquela figura de soviete, que virtualmente reaparecia em novas formas, hoje não está aqui. Pretender isso seria hipocrisia e estupidez. Mas, atenção: *a luta de classes se constrói naquela relação entre virtualidade (ontologia, tendência) e possibilidade (forma e potência da luta, evento).* Quando o Partido funcionou de forma revolucionária, o fez levando o virtual ao possível. Portanto, uma pergunta realista é: *quanto estão próximos, hoje, o virtual e o possível?*

Se olhamos ao redor, é estranho notar que, por exemplo, nas expressões mais sofisticadas do direito internacional, mas analogamente nas teorias mais avançadas do direito civil e comercial, aparece um pensamento cada vez mais atento ao surgimento espontâneo de instâncias de domínio e resistência, vendo-as como potências autônomas de construção jurídica – um pensamento que distingue e conjuga todo conceito em dois. Poderes e contrapoderes emergem, definindo pretensões constituintes e direitos, às vezes contraditórios, sempre autônomos. E ainda é curioso notar como a ciência política assinala hoje a constância de elementos que dissolvem a soberania e difundem suas potências em linhas de governança de eficácia diferente. O velho institucionalismo do século XIX voltou à moda. Juristas e políticos apressam-se em definir novas trajetórias instituidoras, sempre na tentativa – obviamente por parte capitalista – de resolver contradições e antagonismos. E, mesmo assim, esses antagonismos sempre ressurgem e indicam um quadro completo definitivamente quebrado. As dinâmicas instituidoras não convergem mais na direção da Instituição. A *Aufhebung* da dialética "servo-patrão" já não tem lugar como síntese, mas se difunde como problema. *Virtualidade e possibilidade parecem, então, jazer ao lado, e o que parece impossível é indeciso.* Que uma passagem revolucionária esteja próxima ou muito distante, essa alternativa se equivale: ambas as coisas estão ali. Nesse ponto, é necessário se dividir e militar por um lado ou pelo outro. Para nós, a tarefa é militar dentro dos 99%, é imergir na condição atual da força de trabalho, na sua miséria feita de precariedade, desemprego, insegurança, na fadiga física e psíquica do produzir, mas também na potência produtiva e ética dos trabalhadores do cérebro. É construir com eles um programa que, rompendo com as condições que os mantêm subjugados, com o anseio da competição e da eficiência, com a prescrição automática das finalidades cognitivas, abra espaços de liberdade e de unidades entre todos os trabalhadores. Aqui está o soviete.

5. Cem anos é muito tempo. Quando eu era jovem, "cem anos" era para mim 1848, a revolução nacional burguesa na Europa. Para mim, ela era longínqua, seus protagonistas usavam roupas estranhas, suas guerras eram feitas com cavalos e canhões antigos, suas Constituições ainda eram *octroyées* por um monarca submetido ao comando dos burgueses. Aquela distância temporal se acentuou depois na experiência das guerras seguintes, da Primeira e da Segunda Guerra Mundial, e dos outros horrendos acontecimentos em Auschwitz e Hiroshima... Depois de cem anos, pelo contrário, *o evento-Revolução Russa* se faz *presente*, ainda hoje. Com efeito, como Gramsci sustentava, desde então, desde aquele outubro de 1917, abriu-se um "interregno": a revolução vencedora suscitara fortes reações e a contrarrevolução se generalizara, mas o "interregno" duraria como confusão, caos e instabilidade enquanto aquela ruptura não se reabrisse novamente, enquanto o soviete não reemergisse novamente do passado. E agora, depois das lutas de 2011, podemos dar-lhe as boas-vindas: não mais apenas como instrumento de luta contra a burguesia, mas como instituição e força organizativa de um poder democrático. Porque somente no comunismo é possível democracia, como a doutrina marxiana da ditadura proletária prescrevia. De fato, não pode haver democracia sem eliminar as desigualdades sociais, sem confiar a organização para produzir riqueza à cooperação dos trabalhadores, sem tolher dessa cooperação um comando que vem de fora. Hoje o soviete se apresenta como assembleia de trabalhadores intelectuais, materiais e imateriais, que já produzem valor de maneira eminente e que ali dentro, nessa construção de valor, de riqueza, procuram o caminho da conquista do poder. Quando, no início da revolução, Lênin escreveu "comunismo = soviete + eletrificação", não podia imaginar que hoje, um século depois, retomaríamos aquela fórmula, combinando a força de organização política da multidão (a praça-soviete) com um programa de desenvolvimento econômico fundamentado na autonomia produtiva da força de trabalho cognitiva. De Lênin veio a prescrição do par "organização política revolucionária e projeto social de transformação". E o partido? Respondemos: está ali dentro, nasce do soviete.

СССР

Foto oficial da cosmonauta Valentina Vladimirovna Terechkôva, primeira mulher a ir para o espaço sideral. Major-general e engenheira aposentada, Terechkôva é ativista das causas feministas e considerada um símbolo da "nova mulher soviética".

A libertação das mulheres e a Revolução Russa[1]

Wendy Goldman

Em outubro de 1917, quando os sovietes tomaram o poder na Rússia, os teóricos socialistas já tinham um plano básico para a libertação das mulheres. A expectativa era de que o socialismo resolveria o conflito entre o trabalho e o lar – que ainda hoje pesa sobre as mulheres. O trabalho não remunerado que as mulheres realizavam em casa seria socializado, transferido para a economia maior e executado por trabalhadores assalariados. As pessoas teriam acesso a lavanderias, creches, escolas e refeitórios públicos. O "amor livre" prevaleceria: relações sexuais seriam libertadas das injunções da Igreja e do Estado, e os parceiros seriam livres para unir-se e separar-se unicamente com base em sua inclinação pessoal. A dependência das mulheres em relação aos homens, tanto no seio da família camponesa patriarcal quanto entre os trabalhadores assalariados, seria abolida. As mulheres se tornariam trabalhadoras assalariadas financeiramente independentes, em igualdade de condições com os homens. Não sendo mais dependentes dos homens para o próprio sustento e com a certeza de que seus filhos e familiares estão seguros, as mulheres estariam livres para perseguir seus objetivos. Mulheres e homens escolheriam seus parceiros sexuais independentemente de constrangimentos econômicos e laços de dependência, e a família como unidade econômica de produção e consumo, vinculada à tradição religiosa, à propriedade e ao direito, "definharia" gradualmente. Parceiros poderiam optar por ficar juntos por toda a vida ou por um único dia, mas suas escolhas não seriam restringidas por dependência econômica ou prescrições patriarcais. Esses quatro elementos – a socialização do trabalho doméstico, a plena igualdade entre gêneros, a livre união e o definhamento da família – tornaram-se o projeto bolchevique de transformação social e jurídica[2].

---

[1] Traduzido por Pedro Davoglio. (N. E.)

[2] Este ensaio é baseado no meu livro *Women, the State and Revolution: Soviet Family Policy and Social Life, 1917-1936* (Nova York, Cambridge University Press, 1993), editado em português como *Mulher, Estado e Revolução: política da família soviética e da vida social entre 1917 e 1936* (São Paulo, Boitempo/Iskra, 2014).

A primeira organização revolucionária de mulheres

Em 1919, em meio à guerra civil, o Partido Comunista estabeleceu o Jenotdiél[3] ou Departamento de Mulheres. Criado em resposta à forte pressão das mulheres membros do Partido, seu objetivo era reconstruir a *byt*, a vida cotidiana das mulheres. O estabelecimento do *Jenotdiél* foi um evento sem precedentes na história humana: trata-se da primeira organização de massas criada por mulheres para a promoção dos próprios interesses em um contexto revolucionário. As mulheres trabalhadoras tinham participado da Revolução Francesa, mas principalmente em nome de sua classe, não de seu sexo. A Revolução Russa foi a primeira a incluir as mulheres e seus interesses como parte integrante da coalizão e do programa revolucionários.

A criação de uma organização separada dedicada à organização das mulheres em torno de seus próprios interesses não foi fácil. Muitos membros do partido, homens e mulheres, discordaram da ideia do "separatismo" feminino, uma ideia que era associada ao feminismo burguês. Muitos acreditavam que as mulheres deveriam se unir a organizações de massas como os sindicatos e não se segregar em grupos especiais, pois entendiam que as mulheres membros do partido não deveriam trabalhar no interior de uma organização separada. Nos níveis mais baixos do Partido e, em particular, dos sindicados, havia grande hostilidade masculina às mulheres se organizarem entre si. Alexandra Kollontai, célebre escritora e líder bolchevique, foi hostilizada repetidas vezes por lideranças masculinas em seus esforços de organizar as mulheres. Muitos homens membros do partido recusaram-se a reconhecer que os trabalhadores do sexo masculino frequentemente procuravam preservar empregos mais qualificados apenas para os homens, e que o trabalho e a opressão sexual, especialmente no interior do lar, nem sempre estavam sujeitos a uma solução de classe. Kollontai foi acompanhada por outras membros dedicadas do Partido, muitas provenientes da classe operária. Mulheres como Alexandra Artiukhina, que trabalhara numa fábrica têxtil quando menina, Klavdia Nikolaeva e outras, que eram filhas de operários fabris e lavadeiras. Este grupo, empenhado na luta por justiça de sua classe e de seu sexo, tinha uma íntima compreensão das dificuldades enfrentadas pelas mulheres. Elas acabaram sendo conhecidas como *zhenskii aktiv* (mulheres ativistas), as *jenotdiélki* (membros do Jenotdiél), ou as *bytoviki* (ativistas dedicadas à transformação do cotidiano).

[3] Aglutinação para *Jênski Otdiêl* [Departamento de Mulheres], órgão do Secretariado do Comitê Central do Partido Comunista da União Soviética criado por Alexandra Kollontai e Inessa Armand em 1919 e que manteve suas atividades até 1930. No artigo original, Goldman vale-se da transliteração *Zhenotdel*, mais adequada para a pronúncia do inglês. (N. E.)

Mulheres protestam em São Petesburgo às vésperas da Revolução de Fevereiro de 1917. No cartaz, lê-se "Viva o Conselho de Deputados Operários e Soldados!".

O estabelecimento do Jenotdiél foi, portanto, o resultado de intensa luta. Um ano antes, em 1918, Kollontai e suas camaradas ativistas finalmente receberam apoio do Partido para organizar um Congresso Nacional de Mulheres. As mulheres tiveram de exercer uma pressão considerável sobre a liderança do Partido. Depois de muita hesitação, o Comitê Central concordou em estabelecer escritórios locais de mulheres em todo o país para selecionar delegadas. As organizadoras esperavam uma participação modesta no congresso, que seria sediado em Moscou. O país estava no meio de uma guerra civil, e os combates ferozes tornaram grandes áreas virtualmente intransitáveis. Muitas mulheres teriam de cruzar vastas distâncias. No dia em que o Congresso estava programado para começar, cerca de quarenta delegadas haviam chegado. Mas logo os telegramas começaram a chegar de todos os cantos mais distantes: "Camaradas, estamos atrasadas"; "Camaradas, estamos a caminho". Quando o Congresso se iniciou, 1.200 mulheres tinham lutado para atravessar um país devastado e tomar assento em Moscou[4].

No Congresso, as delegadas conceberam uma estrutura para o que ficou conhecido como o Jenotdiél, uma organização permanente de mulheres sob a égide do Comitê Central. A organização tinha uma estrutura dúplice: ela se baseava em assembleias locais delegadas organizadas por todo o país que tinham como objetivo promover a participação feminina no interior do governo, e comissões locais de mulheres para fazer avançar seus interesses e necessidades. Durante a década seguinte, o Jenotdiél organizaria centenas de milhares de mulheres[5]. As assembleias delegadas elegeram mulheres para vários ramos do governo, a fim de que aprendessem a governar. Ao mesmo tempo, as comissões de mulheres estabeleceram creches, lavanderias e refeitórios públicos. O Jenotdiél lutou para aliviar o desemprego feminino, combater a prostituição e fornecer educação para mulheres trabalhadoras e donas

[4] Carol Hayden, *Feminism and Bolshevism. The Jenotdiél and the Politics of Women's Emancipation in Russia, 1917-1930* (Berkeley, University of California, 1979, Ph.D. dissertation), p. 128-39. Sobre o Jenotdiél, ver Elizabeth Wood, *The Baba and the Comrade: Gender and Politics in Revolutionary Russia* (Bloomington, Indiana University Press, 1997).

[5] Sobre ativismo local, ver *Vsesoiuznyi s'ezd rabotnits i krestianok. Stenograficheskii otchet* [Relatório completo do Congresso da União das Mulheres Trabalhadoras e Camponesas] (Moscou, 10-16 out. 1927).

de casa. As organizadoras enfrentaram obstáculos assustadores: falta de verbas estatais, altas taxas de desemprego feminino e milhões de crianças feitas órfãs pela fome e pela guerra. Além disso, muitos homens, especialmente em âmbito local, permaneceram hostis aos seus esforços e relutaram em dedicar tempo ou recursos aos seus objetivos.

Ao longo da década de 1920, os membros do partido continuaram a debater o propósito de uma organização à parte de mulheres. Muitos sustentavam que as mulheres pertenciam às mesmas organizações que os homens e que o Jenotdiél não estava suficientemente integrado à vida política maior do Partido[6]. Outros argumentavam, no entanto, que na ausência de uma organização de mulheres, os sindicatos e o Partido ignorariam completamente as reivindicações feministas[7]. O partido precisava de uma organização separada de mulheres para conscientizar os homens a respeito das pautas das mulheres. Sem isso, essas pautas não receberiam a devida atenção. Em meio a esses debates, o Jenotdiél continuou a defender fortemente as mulheres. O órgão estava intimamente conectado às trabalhadoras operárias e às camponesas, e continuava a ser a única organização de massas capaz de articular suas queixas e promover seus interesses.

O direito de família revolucionário

Ao mesmo tempo que o Jenotdiél foi criado, juristas elaboraram e promulgaram a mais avançada e revolucionária legislação de família que o mundo já havia visto. O Código da Família de 1918 rompeu bruscamente com as prescrições e injunções patriarcais do período tsarista e proclamou uma era de liberdade social sem precedentes. Antes da Revolução, a legislação russa reconhecia o direito das autoridades religiosas de controlar o casamento; o casamento civil não existia, e o divórcio era quase impossível. As mulheres tinham poucos direitos de acordo com a Igreja ou o Estado. Uma esposa devia obediência total a seu marido. O divórcio, de acordo com a Igreja Ortodoxa, era permitido apenas em casos de adultério (testemunhado por pelo menos duas pessoas), impotência, exílio ou ausência prolongada ou sem explicação. Até 1914, quando algumas reformas limitadas foram aprovadas, uma mulher não podia se separar de seu marido, obter passaporte próprio ou residência, arranjar um emprego, receber educação ou descontar um

[6] L. Kaganovich, "Reorganizatsiia Partapparata i Ocherednye Zadachi Partraboty" [A reorganização do aparelho partidário e as próximas tarefas do Partido], *Kommunistka*, n. 2-3, 1930, p. 5.

[7] Wendy Z. Goldman, *Women at the Gates: Gender and Industry in Stalin's Russia* (Cambridge, Cambridge University Press, 2002), p. 42-8.

Biblioteca rural, como parte do projeto estatal de alfabetização dos camponeses, c. 1921-1922.

título bancário sem o consentimento de seu marido. Um pai tinha poder quase incondicional sobre os filhos, e somente os filhos de um casamento sancionado religiosamente eram considerados legítimos. Filhos ilegítimos não tinham direitos ou assistência legal[8].

O novo Estado soviético varreu imediatamente séculos de autoridade patriarcal e religiosa sancionada pelo Estado. No prazo de dois meses após a tomada do poder, foram aprovados dois pequenos decretos substituindo o casamento religioso pelo civil e estabelecendo o divórcio a pedido de qualquer dos cônjuges. Um Código do Casamento, da Família e da Tutela completo foi ratificado em 1918[9]. Em termos de direitos individuais e igualdade de gênero, o Código de 1918 foi a legislação de família mais progressista até então promulgada. Com efeito, legislações semelhantes em termos de igualdade de gênero, divórcio, filiação e propriedade ainda não foram aprovadas até hoje na maioria dos países do mundo. O Código estabeleceu a igualdade de gêneros perante a lei, concedendo reconhecimento jurídico apenas ao casamento civil (embora as pessoas pudessem realizar cerimônias religiosas caso desejassem). No lugar da autoridade religiosa, criou cartórios de registro de nascimento, morte, casamento e divórcio, tornando o casamento uma questão de simples registro. Estabeleceu o divórcio a pedido de qualquer dos cônjuges e estendeu a pensão alimentícia a homens e mulheres em casos de incapacidade ou pobreza. Aboliu a própria noção de filiação ilegítima, estendendo os mesmos direitos de assistência parental a filhos nascidos dentro ou fora de um casamento civil registrado. O Código também proibiu a adoção, acreditando que o Estado poderia cuidar melhor das crianças órfãs do que uma família individual. Em uma sociedade em grande parte camponesa, os juristas temiam que a adoção permitisse que as famílias camponesas explorassem o trabalho não remunerado das crianças sem teto. Finalmente, de acordo com o Código, o casamento não criava comunidade patrimonial: a mulher mantinha total controle sobre seus ganhos após o casamento e nenhum dos cônjuges tinha qualquer direito sobre os bens do outro[10].

[8] William Wagner, *Marriage, Property, Law in Late Imperial Russia* (Oxford, Clarendon, 1994).

[9] Ver Wendy Goldman, *Mulher, Estado e Revolução*, cit., p. 19 e seg. (N. E.)

[10] *1-i Kodeks zakonov ob aktakh grazhdanskogo sostoianiia, brachnom, semeinom, i opekunskom prave* [I Código de leis sobre atos de estado civil, matrimonial, familiar e de tutela] (Moscou, 1918).

Batalhão feminino escoltado em uma última defesa do Palácio de Inverno, em outubro de 1917.

Apesar das muitas disposições radicais do novo Código da Família, seu autor Alexander Goikhbarg, jovem e idealista, ainda não o considerava "socialista". O Código foi construído para refletir os ideais da Revolução e para encorajar as pessoas a avançar rumo ao socialismo, uma nova sociedade na qual as relações humanas não exigiriam regulamentação jurídica. Em 1920, o Estado soviético fez seguir a promulgação do Código da Família de outro decreto sem precedentes e tornou-se o primeiro país do mundo a legalizar o aborto. Reconhecendo que a criminalização do aborto só servia para piorar ainda mais a situação de mulheres já desesperadas, ele permitia que abortos medicamentosos fossem realizados por médicos em hospitais sem nenhum custo[11].

O Código da Família de 1918 incorporava altos ideais, mas logo colidiu com a dolorosa realidade social da Rússia pós-revolucionária. Depois de anos de guerra, a indústria e a agricultura estavam em ruínas, e a primeira tarefa do novo Estado socialista era reconstruir a economia. Em 1922, havia cerca de 7,5 milhões de crianças famintas e moribundas na Rússia, vítimas da Primeira Guerra Mundial, da guerra civil e da fome subsequente[12]. Elas vagavam pelo

[11] Ia. A. Perel' (org.), *Okhrana zhenshchiny-materi v ugolovnom zakone* [Proteção da mãe em direito penal] (Moscou/Leningrado [São Petersburgo], 1932), p. 32.

[12] "O Bor'be s Detskoi Besprizornost'iu. Utverzhdennoe Kollegiei NKP Postanovlenie Vserossiiskogo S"ezda Zav. ONO", em S. S. Tizanov e M. S. Epshtein (orgs.), *Gosudarstvo i obshchestvennost' v borb'e s detskoi besprizornost'iu* [O Estado e o público na luta contra a negligência infantil] (Moscou/Leningrado [São Petersburgo], 1927), p. 35.

país, famintas e desabrigadas, roubando, pedindo esmolas e se prostituindo para sobreviver[13]. Apesar das melhores intenções, o Estado não tinha fundos para socializar o trabalho doméstico, tampouco era capaz de prover todas as crianças desabrigadas que precisavam de cuidados. O primeiro recuo da visão revolucionária veio com a revisão da proibição da adoção. Em 1926, o Estado revogou a proibição de adoção, incentivando as famílias camponesas a adotar crianças das instituições públicas empobrecidas, fornecendo como incentivo dinheiro para sustentar a criança e um lote extra de terra[14]. O Estado entendeu o decreto como um recuo forçado dos planos revolucionários de socializar o cuidado infantil para os necessitados. A revisão da proibição de adoção foi o primeiro sinal de que o trabalho não remunerado das mulheres no interior da família seria difícil e dispendioso de substituir.

A liberdade sexual e a eliminação das restrições anteriormente existentes ao divórcio proporcionada pelo Código de 1918 também produziram algumas consequências sociais não desejadas. Ao longo da década de 1920, o Estado começou a reconstruir a indústria, mas o desemprego, especialmente entre as mulheres, permaneceu muito alto. As mulheres urbanas, dependentes dos salários dos homens para sustentarem a si mesmas e aos seus filhos, viam-se em situação desesperadora depois do divórcio. Muitas mulheres desempregadas eram responsáveis por sustentar filhos ou pais idosos. Incapazes de encontrar um emprego, elas recorriam à prostituição. Mesmo que uma mulher fosse capaz de trabalhar e ganhar um salário de maneira independente, ela muitas vezes não tinha onde ou com quem deixar seus filhos pequenos. O desemprego elevado, os baixos salários e a ausência de métodos contraceptivos e serviços de cuidado infantil reforçavam a dependência das mulheres em relação aos homens. Ao mesmo tempo, as taxas de divórcio dispararam. Os tribunais foram inundados por mulheres demandando pensão alimentícia e assistência para os filhos. Os homens usaram o acesso fácil ao divórcio para ter múltiplas parceiras, casando-se com uma mulher e, tão logo ela tivesse um filho, divorciando-se para ficar com outra. Mesmo nas áreas rurais, onde os camponeses viviam em agregados por várias gerações, a taxa de divórcio aumentara acentuadamente[15].

[13] Ver o capítulo 2, "O primeiro retrocesso: besprizornost' e a criação socializada da criança", de Wendy Goldman, *Mulher, Estado e Revolução*, cit., p. 97-140.

[14] *Kak peredavat' besprizornykh i vospitannikov detdomov v trudovye khoziaistva i proizvodit' usynovlenie* [Como transferir crianças de rua e órfãos de orfanatos para fazendas de trabalho e promover a adoção] (Viatka [Kirov], 1928).

[15] *Estestvennoe dvizhenie naseleniia RSFSR za 1926 god* [O movimento natural da população da URSS em 1926] (Moscou, 1928), p. liv.

Entre os camponeses, a liberdade do Código de 1918 apresentou problemas próprios. A propriedade principal sobre o agregado familiar multigeracional – terra, animais, ferramentas, cabana e lavoura – foi mantida em comum. A família camponesa era patrilocal: com o casamento, a mulher ia morar com a família de seu marido, e seus filhos recebiam direito à terra por meio de seu pai. A família compartilhava a colheita, e todas as decisões eram tomadas pelo *bol'shak*, o homem mais velho e chefe da família. Os filhos tinham de obedecer ao pai, os irmãos mais jovens obedeciam aos mais velhos, e as mulheres se subordinavam aos homens. Se uma mulher quisesse se divorciar do marido, não tinha como viver de maneira independente ou manter a custódia dos próprios filhos nas cidades. Ela precisaria retornar à família estendida de seu pai, que a encararia como um fardo. Seu marido não tinha como extrair pensão alimentícia da propriedade comum familiar. Sob tais circunstâncias, a liberdade concedida pelo direito de família entrava em conflito com as antigas tradições patriarcais das famílias camponesas.

Depois de dois anos de debate nacional sobre o direito e a vida social, os juristas aprovaram um novo Código da Família em 1927. O objetivo do novo Código era oferecer maior proteção às mulheres e às crianças sem abrir mão dos ideais da livre união. Para proteger a dona de casa ou o cônjuge não assalariado, o novo Código estabeleceu a propriedade conjunta sobre os bens adquiridos durante o matrimônio. Buscando salvaguardar as mulheres solteiras, reconheceu o casamento *de facto* (ou a coabitação) como juridicamente equivalente ao casamento civil, e estendeu o direito a pensão alimentícia aos parceiros em uniões *de facto*. Mesmo assim, continuou defendendo o direito ao divórcio e, na verdade, tornou o divórcio ainda mais fácil ao transferir o procedimento dos tribunais para o cartório de registros. Os juristas consideravam como inviolável o direito de sair de um casamento infeliz. O divórcio agora era obtido por meio do preenchimento de um formulário simples – se os cônjuges não comparecessem juntos ao cartório de registros, o parceiro ausente seria informado do divórcio por cartão-postal! O novo Código produziu um salto imediato na taxa de divórcios. Em 1927, três quartos de todos os casamentos em Moscou terminaram em divórcio; em Leningrado [São Petersburgo], dois terços, e os números continuaram a subir[16]. Muitos homens se recusavam a dar assistência financeira aos filhos e os tribunais ficaram abarrotados de mães desesperadas.

[16] M. Kaplun, "Brachnost' naseleniia RSFSR" [População casada na URSS], *Statisticheskoe Obozorenie*, 1929, p. 95-7; S. N. Prokopovich, *Narodnoe khoziaistvo SSSR* [A economia nacional da URSS], v. 1 (Nova York, Izdatel'stvo imeni Chekhova, 1952), p. 66 e 75.

A grande reversão

Em 1928, depois de fortes lutas contra oposições políticas de esquerda e de direita, Stálin assumiu a liderança inconteste do Partido e avançou uma rápida industrialização e coletivização do campesinato. As mulheres juntaram-se à força de trabalho em número recorde, e cidades e vilas industriais cresceram a taxas rápidas, à medida que milhões de camponeses deixaram o campo. Entre 1928 e 1937, 6,6 milhões de mulheres somaram-se à força de trabalho[17]. Em nenhum país do mundo as mulheres vieram a constituir uma parcela tão significativa da classe trabalhadora em tão pouco tempo. O Partido lançou um novo *slogan*: "À Produção" [*Face to Production*], que afetou todas as áreas da vida. Toda a organização social estava subordinada ao cumprimento de metas do primeiro plano quinquenal, uma abordagem conhecida como "produtivismo". Em 1930, o Comitê Central aboliu o Jenotdiél, alegando que o órgão replicava de maneira desnecessária o trabalho de outras organizações do Partido. Apesar dos fortes protestos das mulheres ativistas, os líderes do Partido as orientaram a parar de se organizar em torno de questões de *byt* ou da vida cotidiana e a passar se preocupar com a produção nas fábricas e fazendas coletivas. Sem uma organização própria, as mulheres perderam a oportunidade de reconstruir a vida cotidiana. E, embora milhões tenham se juntado à força de trabalho e alcançado um grau de independência financeira em relação aos homens, elas perderam a única organização capaz de articular suas necessidades enquanto mulheres[18].

O primeiro e o segundo planos quinquenais criaram perturbações maciças e desordem social em todo o país. À medida que as mulheres inundavam a força de trabalho assalariada, os jornais chamavam a atenção ao novo fenômeno das crianças negligenciadas (*beznadzornost*)[19] e sem supervisão. Juízes, educadores, assistentes sociais e as milícias ficavam cada vez mais preocupados com o grande número de crianças órfãs e negligenciadas nas ruas[20]. E, embora a milícia recolhesse essas crianças em suas vastas varreduras, não havia aonde enviá-las. Os abrigos urbanos e lares infantis estavam abarrotados. O Comissariado da Justiça estava sobrecarregado de casos, com déficit de pessoal, e encontrava-se

[17] P. M. Chirkov, *Reshenie zhenskogo voprosa v SSSR, 1917-1937* [Soluções para a questão feminina na URSS, 1917-1937] (Moscou, Izdatel'stvo Mysl, 1978), p. 124-5.

[18] Wendy Goldman, *Women at the Gates*, cit., p. 1, 68 e 80-2.

[19] Ibidem, p. 296.

[20] Idem, *Mulher, Estado e Revolução*, cit., p. 370-1.

incapaz de lidar de maneira eficiente com a crescente delinquência juvenil[21]. Nas cidades e nos vilarejos, as pessoas comuns começaram a ficar cada vez mais temerosas em relação a esse tipo de criminalidade, passando até mesmo a odiar as crianças desabrigadas.

A partir de 1935, o Estado implementou uma nova abordagem punitiva à delinquência juvenil, a homens que se recusassem a pagar pensão alimentícia e à prática do divórcio em série. Crianças acima de doze anos que cometessem crimes seriam julgadas como adultos. Foram aprovadas medidas estritas para a retirada de crianças das ruas. Os pais tornaram-se imputáveis por ações criminosas de seus filhos[22]. Os juristas argumentavam então que o crime não era mais resultado da pobreza ou de condições sociais como no período czarista, mas sim da irresponsabilidade dos pais. Um jurista relacionou a negligência em relação às crianças à atitude frouxa dos tribunais perante os casos de pensão alimentícia, alegando que os pais, em particular, tinham abdicado de suas responsabilidades[23]. Os tribunais passaram a ser pressionados para encontrar e processar os homens que deixassem de sustentar seus filhos. Um escritor defendeu que homens que abandonassem mulheres ou as tratassem apenas como "parceiras de cama" deveriam ser acusados do crime de "vandalismo sexual"[24]. A campanha contra a irresponsabilidade masculina culminou, em junho de 1936, em uma explosão de propaganda pró-família e, na sequência, em uma nova lei que aumentava a punição por não pagamento de pensão alimentícia e tornava o divórcio mais difícil de se obter. Essa nova lei acabou com a prática do "divórcio por cartão-postal", obrigando ambos os cônjuges a comparecerem juntos ao registro civil e estabelecendo taxas crescentes para cada divórcio subsequente. A lei também tornava a proibir o aborto, a não ser que a saúde da mulher estivesse em risco, e criminalizou a assistência ao aborto. Ao mesmo tempo, proporcionou mais estruturas de acolhimento infantil, cuidados especiais para mulheres grávidas no local de trabalho e assistência adicional a mulheres trabalhadoras lactantes. Também concedeu grandes auxílios financeiros para mães com mais de sete filhos que dessem à luz outras crianças.

[21] V. K., "O detskoi prestupnosti" [Sobre a delinquência juvenil], *Sotsialisticheskaia Iustitsiia*, n. 13, 1935, p. 11-2.

[22] *Sbornik deistvuiushchikh uzakonenii i rasporiazhenii partii i pravitel'stva, postanovlenii detkomissii VTsIK i vedomstvennykh rasporiazhenii po likvidatsii detskoi besprizornosti i beznadzornosti* [Compilação de ordens válidas e legais do Partido e do governo, decisões do Comissariado para a Infância e ordens departamentais para eliminar a negligência infantil], Moscou, n. 4, 1936, p. 7-11.

[23] Ia. Berman, "Sud na Okhrane Detei" [Tribunal de Proteção à Criança], *Sotsialisticheskaia Iustitisiia*, n. 23, 1935, p. 1-2.

[24] K. Pletnikov, "Na zashchitu zhenshchiny ot izdevatel'stva" [Sobre a proteção das mulheres contra a difamação], *Sotsialisticheskaia Zakonnost'*, n. 11, 1935, p. 29-30.

Assim, a visão soviética oficial da família sofreu uma reversão completa. O Estado incentivou as mulheres a se juntarem à força de trabalho e proporcionou uma rede de instituições de acolhimento infantil, mas sua orientação ideológica quanto à família mudou. Os líderes do Estado e do Partido descartaram a ideia revolucionária da "livre união" e promoveram, em seu lugar, a noção de uma "família socialista forte". Os empolgantes debates públicos da década de 1920 sobre como libertar as mulheres chegaram ao fim. A ideia de que o Estado, o direito e a família "desapareceriam" sob o socialismo foi rejeitada. No fim da década de 1930, durante as repressões em massa, muitos dos juristas revolucionários que elaboraram as ideias de Lenin sobre a extinção do Estado e do direito[25] foram executados ou enviados aos campos[26]. Embora as condições materiais e a frustração das mulheres com a irresponsabilidade masculina tenham contribuído para minar a visão revolucionária, nenhum desses fatores foi o responsável final pela sua morte. A reversão da década de 1920 foi essencialmente política e trouxe consigo todas as marcas da política stalinista em outras áreas. A reversão estava enraizada no atraso material, na pobreza e na privação da década de 1920, mas também constituiu uma ruptura acentuada com uma tradição secular de pensamento e práticas revolucionários.

O legado

As mulheres da classe operária que obtiveram empregos na indústria inicialmente encontraram grande hostilidade e resistência por parte dos trabalhadores, capatazes e diretores de fábrica do sexo masculino. Mesmo assim, estavam ansiosas para passar de posições mais humildes de zeladoria para outras mais qualificadas, para provar-se capazes e para ganhar melhores salários[27]. O impulso para promover a igualdade, especialmente no local de trabalho, não desapareceu com a eliminação do Jenotdiél. As militantes entraram em sindicatos e outras organizações onde continuaram a perseguir os interesses das mulheres. Depois de 1930, quando o país começou a viver uma falta de força de trabalho em lugar do desemprego da década de 1920, o Estado estava ansioso para converter as mulheres em força de trabalho. Elaborou-se listas de ocupações que

[25] Destaque-se aqui a obra de Evguiéni Pachukanis, *Teoria geral do direito e marxismo* (São Paulo, Boitempo, 2017), originalmente publicada em 1924. (N. E.)

[26] Ver A. Ia. Vyshinsky, *The Law of the Soviet State* (Nova York, Macmillan, 1948), p. 38 e 53.

[27] Ver Wendy Goldman, "Gender Relations in Industry. Voices from the Point of Production", em *Women at the Gates*, cit., p. 207-31.

poderiam ser "regeneradas" como femininas. Elas incluíam empregos de colarinho branco, em serviços, no varejo, e também setores inteiros de indústrias em desenvolvimento, como eletroeletrônica, engenharia de máquinas e produtos químicos. As mulheres, contudo, resistiram à ideia de setores novos e segregados para o trabalho feminino. Elas se organizaram para garantir que trabalhos qualificados e bem remunerados lhes fossem disponibilizados. Elas formaram "brigadas de regeneração" nas fábricas. Compostas de pequenos grupos de mulheres, elas examinavam todos os cargos para verificar se poderiam ser ocupados por uma mulher. Elas encontraram grande resistência dos homens em todos os níveis, do direito aos operários no chão da fábrica. Elas não hesitaram em nomear e citar os diretores de fábrica e capatazes que se mostravam particularmente resistentes às mudanças ou desdenhosos em relação às mulheres. Suas descobertas eram logo publicadas nos jornais, onde provocaram um grande debate sobre o trabalho feminino. Os homens eram envergonhados ao terem seus nomes em artigos sobre suas fábricas. As "brigadas de regeneração" provaram ser uma tática bem-sucedida, abrindo novos empregos industriais qualificados e bem remunerados, que anteriormente estavam abertos apenas aos homens.

Essas mulheres, parte do grande experimento soviético de igualdade feminina, pertenceram a uma geração que criou suas filhas com uma confiança nova na própria capacidade. Quando a Alemanha atacou a União Soviética em 1941, foram essas filhas que sitiaram as estações de recrutamento militar, exigindo serem enviadas à frente de batalha junto a seus colegas de escola e irmãos. Durante a guerra, as soviéticas obtiveram ganhos históricos para as mulheres nas forças armadas: 520 mil serviram nas tropas regulares do Exército Vermelho, muitas das quais ocupando posições na linha de frente de combate[28]. Essas jovens mulheres não se viam assumindo papéis "masculinos". Em vez disso, viam suas posições como "naturais", como parte de seus direitos de nascimento. Sua autoconfiança era parte da herança orgulhosa que receberam de suas mães, a geração que cresceu e lutou pela igualdade das mulheres após a Revolução.

Os bolcheviques, com base no trabalho teórico de Marx e Engels, consideravam a família como uma instituição mutável[29]. Eles acreditavam que o capitalismo minava os antigos constrangimentos da família patriarcal camponesa ao eliminar o seu papel como unidade produtiva. O capitalismo integrou as mulheres à força de trabalho, despojou o campesinato de suas posses e substituiu

[28] Anna Krylova, *Soviet Women in Combat: A History of Violence on the Eastern Front* (Nova York, Cambridge University Press, 2011), p. 35-86, 87-121 e 169.

[29] Ver Frederick Engels, *The Origin of the Family, Private Property, and the State* (Nova York, International Publishers, 1972).

os laços tradicionais por relações de mercado. Ele destruiu inevitavelmente os costumes e os vínculos econômicos que mantinham a família unida. Em 1929, o sociólogo soviético S. Ia Vol'fson escreveu, "A família será enviada para um museu de antiguidades para que possa repousar ao lado da roda e do machado de bronze, perto da carroça puxada por cavalos, a máquina a vapor e o telefone com fio"[30]. A questão que os socialistas enfrentaram era como libertar a mulher do trabalho não pago de reprodução social e criar novas condições para relacionamentos livres e baseados no amor. O capitalismo oferece uma solução à contradição entre trabalho e lar, ao menos para os seus membros mais ricos: ele desloca o trabalho reprodutivo para o mercado. As corporações criaram restaurantes de *fast-food*, lares para idosos e serviços de limpeza doméstica, e as mulheres passam então a fazer esses trabalhos, que elas já faziam gratuitamente em casa, por salários muito baixos. No entanto, essas trabalhadoras de serviços, que também têm família, não podem se dar ao luxo de que outra mulher cumpra sua "dupla jornada". Na verdade, milhões de mulheres agora atravessam as fronteiras da América Latina para os Estados Unidos, das antigas repúblicas da Ásia Central para a Rússia, a fim de realizar o trabalho doméstico que homens e mulheres mais ricos não desejam fazer. Ao migrar pelas fronteiras, muitas vezes deixam seus próprios filhos para trás.

A visão revolucionária da libertação das mulheres nunca foi plenamente realizada na União Soviética. E cem anos após a Revolução Russa, a igualdade de gênero, a livre união, a socialização do trabalho doméstico, a igualdade no local de trabalho, o direito à educação, a livre decisão sobre o aborto, e o fim da segregação sexual da economia ainda não foram realizados na maioria dos países. Em todo o mundo, milhões de mulheres ainda não controlam seus próprios corpos ou seus próprios destinos. Elas enfrentam escolhas dolorosas entre trabalho e família e dificuldades materiais que tornam impossível criar seus filhos. Os bolcheviques articularam uma visão da libertação da mulher, e as mulheres soviéticas lutaram para alcançá-la. Elas viam a socialização do trabalho doméstico, a igualdade de gênero, e a livre união como soluções para os problemas do seu dia a dia, ou seja, para o conflito entre trabalho assalariado, trabalho doméstico e cuidados infantis. Além disso, elas acreditavam que sua solução era libertadora e justa: ela permitiria que todas as mulheres se tornassem seres plenamente humanos e lhes concederia independência em relação ao controle patriarcal. Hoje, o movimento de mulheres tem levado essa luta em novas direções, organizando-se contra a violência sexual e doméstica, a

[30] S. Ia. Vol'fson, *Sotsiologiia brak i sem'i* (Minsk, 1929), p. 450.

objetificação das mulheres e o preconceito contra as pessoas LGBTQ. No entanto, como o capitalismo continua a minar e a monetizar as relações humanas, as mulheres e as famílias enfrentam novos problemas impostos pela migração transnacional, o desemprego, os baixos salários, a destruição do meio ambiente e as favelas urbanas. Até mesmo nos países industrializados mais avançados, poucos homens ganham dinheiro suficiente para sustentar uma família. O trabalho assalariado das mulheres tornou-se uma realidade e uma necessidade para a maioria das famílias. Muitas pessoas optam por não se casar e ter filhos fora do casamento. A pobreza tem cada vez mais um rosto feminino. Todos esses desenvolvimentos representam novos desafios e exigem novas soluções. As mulheres soviéticas podem não ter conquistado tudo com que sonharam, mas nos deixaram um rico legado de teoria, direitos e práticas organizacionais para usarmos na construção de um futuro melhor.

Na p. 77, retrato de Nadiéjda K. Krúpskaia (1869-1939), revolucionária, esposa de Lênin e membro do Partido Bolchevique. Na página ao lado, Alexandra M. Kollontai (1872-1952) quando jovem, também dirigente bolchevique.

As mulheres de outubro[1]

Tariq Ali

As mulheres desempenharam um papel central em ambas as revoluções de 1917, e em muito maior extensão do que já haviam desempenhado em 1905. O levante de fevereiro foi, na verdade, desencadeado por uma greve de mulheres da indústria têxtil em seu duplo papel como trabalhadoras e, em muitos casos, esposas dos soldados no *front*. Essas mulheres convocaram os metalúrgicos para se juntarem a elas e, no fim do dia, mais de 50 mil trabalhadores marchavam pelas ruas da capital. Donas de casa saíram em passeata com elas até a Duma, reivindicando pão. Era o Dia Internacional da Mulher (8 de março no calendário gregoriano), que a militante bolchevique Konkordia Samoilova introduzira na Rússia em 1913 e que foi celebrado, observado e marcado a partir desse ano. Tratava-se de um evento público geralmente pequeno e restrito a algumas cidades. Comemorá-lo com uma greve em massa liderada por operárias foi algo sem precedentes. Havia uma ironia especial envolvida nisso: os capitalistas da Rússia presumiam então que, por serem o grupo social mais oprimido, mais dócil e socialmente atrasado (no sentido de que, ao contrário das terroristas das décadas anteriores, a grande maioria era analfabeta), as mulheres seriam, de acordo com a lógica capitalista, os membros mais obedientes e não problemáticos da força de trabalho. Esse foi um erro de cálculo. À medida que a Primeira Guerra Mundial continuava, a demanda por força de trabalho aumentava. A porcentagem de mulheres nas fábricas dobrou e triplicou. A indústria de armas Putliov também estava produzindo os trabalhadores mais militantes e os organizadores bolcheviques, homens e mulheres.

Em Moscou, as trabalhadoras também se radicalizavam. Mais tarde, uma delas, Anna Litveiko, com 18 anos em 1917, descreveu a

[1] Traduzido por Pedro Davoglio. Este texto é um capítulo do livro inédito em português *The Dilemmas of Lenin* (Londres, Verso, 2017), de Tariq Ali, cedido especialmente para esta edição. (N. E.)

Passeata do Dia Internacional das Mulheres de 1926.

participação das mulheres nesse processo num breve livro de memórias. Ela e duas amigas quase da mesma idade trabalhavam na fábrica Elektrolampa, no cinturão industrial de Moscou. Anna recordou o retorno de seu pai da última barricada da cidade para casa em 1905, "todo espancado, com as roupas rasgadas e os bolsos cheios de cartuchos". Desta vez era diferente. Muitos soldados e cossacos estavam do seu lado. Em outubro, era preciso fazer escolhas. De que lado eles estariam, menchevique ou bolchevique? Anna admirava os dois agitadores bolcheviques que trabalhavam com ela. Naquela fábrica, os mencheviques enviaram intelectuais de fora para abordá-los, "mas depois me disseram que o mais frequente era o contrário – os mencheviques eram os trabalhadores e os bolcheviques, os intelectuais. Como eu poderia saber?".

Certo dia, esperou por um dos bolcheviques e perguntou: "qual a diferença entre os bolcheviques e os mencheviques?". Ele respondeu:

> Você sabe, o tsar foi expulso, mas os *burzhuis* [burgueses] ficaram e assumiram todo o poder. Os bolcheviques são os que querem lutar contra os *burzhuis* até o fim. Os mencheviques não são nem uma coisa nem outra.

Anna decidiu que, "se era para ir até o fim, então eu me filiaria aos bolcheviques". Suas duas amigas logo seguiram seu exemplo.

Nenhum dos participantes ou líderes dos partidos políticos clandestinos infiltrados na capital tinha a menor ideia de que aquele era o primeiro dia de uma revolução, a não ser as trabalhadoras do escritório ouvidas por Sukhanov logo que ele chegou ao trabalho naquela manhã. As mulheres saíram também no dia seguinte e, desta vez, os homens as acompanharam. E os partidos da esquerda agora estavam bem acordados, escrevendo, imprimindo e distribuindo panfletos, a maioria dos quais eram similares no tom, exceto pelos dos bolcheviques, que também exigiam paz e o fim imediato da guerra imperialista. Naquele fim de semana, a brisa suave transformou-se em tempestade. Sukhanov, agora nas ruas, tomando notas e saboreando a situação, ouviu dois espectadores antipáticos: "O que eles querem?", disse um garoto sombrio. Em resposta, seu parceiro disse: "Eles querem pão, paz com os alemães, e igualdade para os *yids*[2]". "Na mosca!",

[2] Termo pejorativo empregado para designar os judeus. (N. E.)

pensou o futuro historiador, expressando seu deleite com essa "brilhante formulação do programa da grande revolução".

Em 1917 havia apenas duas mulheres entre os membros do Comitê Central Bolchevique: Alexandra Kollontai e Elena Stasova. Varvara Yakovleva incorporou-se um ano depois e foi ministra da Educação em 1922, tornando-se posteriormente ministra da Fazenda. Os mencheviques não estavam muito melhor. O contraste numérico com a organização terrorista Vontade do Povo não poderia ser mais marcante, mas mesmo o seu sucessor, o Partido Social Revolucionário (SR), deixava claro quanto tinha mudado no novo século. A proporção de mulheres em seus órgãos dirigentes também registrou um declínio muito acentuado, embora um pouco menor em seu braço terrorista secreto, a organização Combate.

As razões disso eram variadas. As trabalhadoras estavam sendo recrutadas em grande número para a indústria. Uma comparação política é igualmente reveladora. Os homens e mulheres dos antigos grupos que queriam manter suas lealdades nos novos tempos poderiam ter se juntado aos SRs. A maioria deles aparecia agora em público sem a máscara do terrorismo.

Alexandra Kollontai não era a única mulher a desempenhar um papel importante na formação da União Soviética, mas era, sem dúvida, uma das mais geniais e tinha uma mente e um espírito radicalmente independentes. É em seu trabalho que podemos ver a síntese do feminismo revolucionário (socialista, não radical). Kollontai entendeu melhor do que quase todos as necessidades sociais, políticas e sexuais da libertação das mulheres. Ela às vezes podia ser dura em sua estimativa de mulheres provenientes de outras classes, mas muitos de seus camaradas, homens ou mulheres, não compartilhavam dessas opiniões. Ela foi deliberadamente mal interpretada e apresentada como defensora de uma permanente libertinagem; no campo, os pequenos proprietários de terras usavam seu nome para alertar os camponeses de que, se aderissem ao plano de cultivo coletivo, teriam que compartilhar as mulheres jovens de suas famílias com outros homens, enquanto as mulheres velhas seriam reduzidas a sabão.

Kollontai apenas tinha consciência da natureza absurda da maior parte da propaganda e irritava-se sobretudo ao ser acusada de privilegiar o sexo em detrimento do amor. Em seu breve ensaio *A autobiografia de uma mulher comunista sexualmente emancipada*, explicou que o amor sempre desempenhou um grande papel em sua vida, mas que era uma experiência transitória. Mais importante era a necessidade de "entender que o amor não era o objetivo principal de nossas vidas e que sabíamos colocar o trabalho no centro". Poderia ter acrescentado "... como fazem os homens". Ela queria que o amor se combinasse harmoniosamente com o trabalho, mas, "em todos os casos, as coisas se dão de modo diverso,

Manifestação de mulheres nas ruas de Petrogrado em abril de 1917. Na faixa, lê-se "Direito de voto às mulheres".

uma vez que os homens sempre tentaram impor seu ego sobre nós e fazer com que nos adaptássemos plenamente aos propósitos deles". Assim, a escolha era entre aceitar essa posição para o resto da vida ou, ao contrário, acabar com isso. Kollontai explicou que, uma vez que "o amor se tornasse um obstáculo", a única saída seria "uma inevitável revolta interior [...]. Nós nos sentimos escravizadas e tentamos afrouxar o vínculo amoroso". Afirmou, ainda, que o caminho "em direção à liberdade" não era isento de contradições, e sim o contrário: "Estávamos novamente sozinhas, infelizes, solitárias, mas livres – livres para perseguir nosso amado ideal de trabalho". Essa foi uma das primeiras declarações dos fundamentos dos valores do feminismo moderno, em relação aos quais o século XXI retrocedeu, apesar dos incessantes hosanas ao "casamento gay".

Em 1918, Lênin escreveu que, "a partir da experiência de todos os movimentos de libertação, é possível notar que o sucesso de uma revolução pode ser medido pela extensão do envolvimento das mulheres nela". Praticamente todos os revolucionários russos, independentemente de facção ou partido, sempre concordaram com isso. A partir da década de 1860, as mulheres russas desempenharam um papel exemplar, muito mais avançado do que o de suas irmãs no resto da Europa e nos outros continentes.

Durante o fim do século XIX e início do século XX, os debates sobre o papel da família nuclear na zona urbana e na zona rural, bem como sobre a função do casamento, eram mais avançados e efetivos na Rússia do que em qualquer outro lugar. As revoluções de 1917 aceleraram ainda mais esse processo, uma vez que tais questões deixaram de ser abstrações. Era preciso tomar medidas concretas. Marx, Engels e Bebel tinham insistido que o capitalismo estava negando os costumes e necessidades da família tradicional. Nas sociedades camponesas, a família funcionava como uma unidade coletiva de produção. Todos trabalhavam, embora as mulheres trabalhassem mais. Clara Zetkin, uma das líderes do SPD alemão, tomando como ponto de partida o trabalho dos três ilustres pensadores, analisou as diferenças entre uma família camponesa e uma família proletária. Esta, argumentou ela, era uma unidade de consumo, não de produção. Mais tarde os teóricos soviéticos pós-revolucionários levaram em conta esse argumento. Para Nikolai Bukharin, o desenvolvimento do capitalismo tinha lançado as sementes necessárias à desintegração da família: deslocamento da unidade de produção para a fábrica, trabalho assalariado para as mulheres e para os homens e, claro, a natureza peripatética da vida e do trabalho na cidade. Kollontai concordava que a família estava à beira da extinção. Era crucial para o governo bolchevique, então, fazer a transição para novas formas o menos dolorosamente possível, com o Estado fornecendo creches de qualidade, escolas, refeitórios comunitários e ajuda com o trabalho doméstico. Lênin apoiava fortemente esse ponto de vista. Suas restrições à família eram caracteristicamente agudas. Ele denunciou "a decadência, a putrefação e a imundície do casamento burguês com sua difícil dissolução, sua licenciosidade para o marido e escravidão para a mulher, e suas desagradavelmente falsas moralidade e relações sexuais".

O inimigo era sempre o parceiro do sexo masculino, que evitava o trabalho doméstico e o cuidado das crianças. "A mesquinhez do trabalho doméstico", enfurecia-se Lênin em 1919, "esmaga, estrangula e degrada, acorrenta a mulher à cozinha e ao berço, e ela desperdiça seu trabalho com bobagens barbaramente improdutivas, pequenas, enervantes, estressantes e destrutivas." Suas soluções eram as mesmas que a de outros líderes revolucionários da época: cozinhas coletivas, lavanderias, oficinas de costura, creches, jardins de infância e assim por diante. Mas, para Lênin, a abolição da escravidão doméstica não significava o desaparecimento dos lares ou das famílias individuais.

Essas posições se refletiram na arquitetura dos construtivistas. Os prédios de apartamentos de Moisei Ginzburg, grandes e pequenos, expressavam a nova época. As lavanderias e as salas de jantar comunitárias eram consideradas um grande sucesso. O local para diversão das crianças era visível da cozinha de cada apartamento, e o tamanho de cada cômodo podia ser modificado movendo-se as enormes paredes de madeira sobre rodas. A visão de Ginzburg era, como ele explica em sua obra-prima, *Época e estilo*, muito inspirada pelos cinco anos que passou na Crimeia, onde, apesar da guerra civil, teve tempo de visitar mesquitas antigas e outros edifícios dos quais aprendeu muito mais do que imaginara na academia clássica em Milão. Ele descreveu a arquitetura impulsiva e espontânea do povo tártaro como "correndo por um curso natural, seguindo suas curvas e irregularidades, juntando um motivo a outro com uma espontaneidade pitoresca que esconde uma ordem criativa distinta". O edifício do *Pravda* em Leningrado, construído em 1924, no qual Ginzburg trabalhou feliz com outros dois arquitetos, consagrou sua reputação como um dos maiores expoentes da nova cultura. Seu trabalho logo foi eclipsado pelos oportunistas da época de Stálin, mas felizmente Ginzburg foi deixado em paz. Ele morreu tranquilamente na cama em 1946.

As fábricas tinham desaparecido havia muito, mas um bloco de apartamentos da classe trabalhadora de tamanho médio ainda estava no local. Era realmente fascinante. Uma lavanderia comunitária estava em funcionamento. Me foi mostrado um apartamento típico. Todas as cozinhas tinham janelas de onde o local para diversão das crianças era permanentemente visível. As paredes de madeira de lei sobre rodas variavam a divisão dos cômodos de acordo com a necessidade. Não pude evitar comparar esta Jerusalém, com seu espaço verde, com a maioria dos blocos habitacionais brutalistas da Grã-Bretanha do pós-guerra. A falta de imaginação da Grã-Bretanha era chocante. Épocas e estilos.

Os bolcheviques estavam muito orgulhosos de seus primeiros decretos, a maioria dos quais foi elaborada por Lênin. Para marcar o primeiro aniversário da Revolução em outubro de 1918, o Comitê Executivo Central dos Sovietes aprovou por unanimidade o Código de Casamento, Família e Guarda. Esse código foi elaborado pelo jurista radical Alexander Goikhbarg, com 34 anos na época, que explicou que seu objetivo era incentivar o "desaparecimento" da família tradicional. O "poder proletário", escreveu, numa época em que esperanças como as dele eram bastante comuns, "constrói seus códigos e todas as suas leis dialeticamente, de modo que cada dia de sua existência mine a necessidade de que existam". O objetivo era um direito que "tornasse o direito supérfluo". Goikhbarg, um ex-menchevique, baseava suas ideias na filosofia política subjacente a *O Estado e a Revolução* de Lênin. Alguns historiadores observaram que, durante o primeiro ano da Revolução, parecia que a Comuna de Paris estava sendo repetida.

O novo direito de família não tinha precedente na história. O direito de família tsarista foi concebido de acordo com as necessidades da Igreja Ortodoxa e de outras religiões quando necessário. Uma comparação com as prescrições contemporâneas da Arábia Saudita e do wahabismo é instrutiva.

A brutalidade patriarcal era reforçada com o mesmo vigor pela Igreja. As mulheres precisavam de permissão dos homens para praticamente tudo, inclusive obter passaporte. Impunha-se obediência total e as mulheres não tinham direitos, exceto os relativos à propriedade. O direito de família da Europa Oriental, originário do feudalismo propriamente dito, instituía a propriedade "conjunta", o que significava de fato a propriedade e a dominação masculinas. A Igreja russa permitia direitos de propriedade separados no que dizia respeito a dotes, herança, presentes e terras. Este também é o caso na Arábia Saudita. As mulheres têm negados seus direitos políticos e a igualdade, mas podem possuir bens; não há restrições ao trabalho como empresárias.

Poucos meses depois de outubro de 1917, um decreto aboliu as leis tsaristas relativas à família e a criminalização da sodomia. As mulheres já não eram legalmente inferiores, passando a ter direitos iguais aos dos homens; o casamento religioso era inválido e apenas casamentos civis eram reconhecidos pela lei; o divórcio deveria ser concedido quando solicitado por qualquer dos parceiros, sem necessidade de motivação. O mesmo ocorria com a pensão alimentícia: ambos os parceiros gozavam das mesmas garantias. As leis de propriedade difundidas por séculos foram abolidas, acabando com os privilégios masculinos e eliminando o estigma da filiação ilegítima. Todos os filhos tinham direitos iguais, independentemente da situação conjugal dos pais. Isso constituiu uma reestruturação radical do direito europeu ao desvincular as obrigações familiares do contrato ou certificado de casamento. Curiosamente, as adoções privadas foram desautorizadas sob o argumento de que o novo Estado seria um pai melhor do que as famílias individuais. Dada a preponderância do campesinato, temia-se que isso facilitasse o uso de trabalho infantil no campo. Os educadores mais utópicos argumentavam que a abolição da adoção privada era um passo transitório até que o Estado oferecesse cuidado infantil para todos.

Os críticos do novo código denunciaram as medidas como uma capitulação às normas burguesas. Goikhbarg escreveu: "Eles gritaram para nós: 'registro de casamento, casamento formal, que tipo de socialismo é esse?'". E N. A. Roslavets, uma delegada ucraniana do Comitê Executivo Central dos Sovietes de 1918, onde se discutiu o novo código, estava furiosa com o fato de o Estado ainda ter qualquer coisa a ver com o casamento. Tratava-se de uma decisão individual, e deveria ser encarada como tal. Ela denunciou o código como "uma sobrevivência burguesa": "A interferência do Estado em assuntos de casamento, mesmo na forma de registro que o código sugere, é completamente incompreensível, não apenas num sistema socialista, mas na transição", e concluía, colérica, "não posso entender por que esse código estabelece a monogamia compulsória". Em resposta, Goikhbarg pediu que ela e os outros compreendessem que a principal razão para se ter um código dessacralizado era dar às pessoas que desejassem registrar um casamento uma alternativa à Igreja. Se o Estado não fizesse isso, muitas pessoas, especialmente no campo, teriam casamentos clandestinos em igrejas. Ele venceu a discussão, mas depois de um considerável debate.

Enquanto isso, em 1919, o governo revolucionário estabeleceu o Jenotdiél (o Departamento de Mulheres Trabalhadoras e Mulheres Camponesas), cujo objetivo era a emancipação feminina. Sua liderança era formada por mulheres que atuaram nesse campo durante os cruciais anos pré-revolucionários – Inessa Armand, Alexandra Kollontai, Sofia Smidovich, Konkordia Samoilovna e Klavdiya Nikolaeva – e compreendiam as necessidades especiais das mulheres. A libertação feminina não era um objetivo para a maioria das mulheres. Os social-democratas, e tanto Vera Zasulich quanto Rosa Luxemburgo, a consideravam um desvio num momento em que a humanidade como um todo confrontava tarefas gigantescas. As integrantes do Jenotdiél não viam a si mesmas como utópicas. Elas simplesmente acreditavam que a emancipação das mulheres era uma das tarefas que a Revolução deveria enfrentar. Nenhuma delas pensou que isso poderia ser alcançado rapidamente ou mesmo durante suas vidas, mas era preciso começar *agora*, ou a questão simplesmente seria deixada para trás. E foi necessário tomar medidas imediatas de transferência de tarefas domésticas e cuidados infantis para instituições estatais. Isso não se deu por meio de grandes falanstérios, como preconizado por Fourier, Chernichevski e Bukharin. As mulheres queriam que as administrações municipais providenciassem instituições, como creches, lavanderias e refeitórios públicos. Isso se tornou tema de acalorado debate. Dirigindo-se a uma conferência de mulheres em setembro daquele ano, Lênin argumentou que as demandas e o trabalho do Jenotdiél "não podem apresentar resultados rapidamente... e não produzirão um efeito brilhante". Trótski argumentou o mesmo em diversos artigos de jornal, citando muitos exemplos da vida da classe trabalhadora que sugeriam que era necessária cautela, ao mesmo tempo que defendia a ideia de que propaganda abstrata não era o suficiente para transformar as relações de gênero. Era preciso apresentar alguns resultados e algumas experiências para demonstrar as vantagens a todos os interessados.

Na realidade, infelizmente foram os velhos bolcheviques (homens e mulheres) que se revelaram utópicos. A abolição da propriedade privada não era o bastante. A vitória do conservadorismo na União Soviética depois de 1930 levou a um "Termidor sexual" e à reafirmação dos papéis "tradicionais" das mulheres mesmo sem alteração das leis, exceto pelo retorno da criminalização da homossexualidade em 1934. Em contraste polar, as ideias práticas apresentadas pelo Jenotdiél foram implementadas após o fim da guerra civil por arquitetos que criaram novas moradias para trabalhadores, conforme explicado acima.

No âmbito nacional, os membros do Jenotdiél eram extremamente ativos em assegurar que as mulheres não fossem deixadas de lado quando se tratasse de servir nos comitês militares revolucionários, nos partidos e nos aparelhos sindicais locais, bem como no departamento político do Exército Vermelho. Novamente, o envolvimento de mulheres russas em guerrilhas e no terrorismo clandestino serviu de exemplo. Em 1812, era frequente que camponesas matassem soldados franceses expulsos do exército de Napoleão usando foices ou forcas, ou simplesmente queimando-os vivos.

Durante a guerra civil, muitas mulheres serviram como comissárias políticas e enfermeiras nos hospitais de campo. A vida de guerrilha era dura, mas as mulheres gostavam da igualdade desfrutada em relação aos homens, uma tradição que voltaria a se destacar durante a Segunda Guerra Mundial. Richard Stites descreve como "as enfermeiras capturadas eram tratadas com especial brutalidade pelos Brancos. Perto de Petrogrado, em 1919, três enfermeiras foram enforcadas com bandagens de seu hospital de campo com os distintivos do Komsomol [Jovens Comunistas] presos na língua". E milhares de mulheres serviram no Exército Vermelho e "lutaram em cada frente de batalha e com cada arma, servindo como fuzileiras, maquinistas de trens blindados, artilheiras". Elas também se tornaram espiãs. Lênin ficou extremamente impressionado com os relatos de Odessa e Baku de que as mulheres mais instruídas do Exército Vermelho enfrentaram efetivamente soldados franceses e britânicos lutando ao lado dos Brancos e argumentaram nas próprias línguas dos soldados contra o intervencionismo estrangeiro. Ele ordenou a criação de uma escola especial de espionagem e desorganização. Essa escola foi instalada numa grande casa em Moscou, sob o comando da lendária revolucionária georgiana Kamo, cujas façanhas na clandestinidade antitsarista eram muitas. Os que passaram pela escola (muitos dos quais eram mulheres, incluindo a talentosa Larissa Reisner) formaram o Primeiro Destacamento Guerrilheiro de Ações Especiais.

Foi em outras frentes emancipatórias que as feministas bolcheviques encontraram sérias resistências. Houve enormes problemas quando elas criaram um pequeno quartel-general no Cáucaso e na Ásia Central ou, neste caso, na Ucrânia. As mulheres locais eram assustadas e tímidas. Os homens ameaçaram as feministas com violência, mesmo que o objetivo fosse apenas ensinar suas esposas a ler numa das "cabines de leitura" do Jenotdiél[3].

Após uma viagem ao Cáucaso em 1920, Clara Zetkin informou ao quartel-general do Jenotdiél o que as mulheres lhe disseram depois de semanas convencendo-as a falar:

> Nós éramos escravas silenciosas. Tínhamos que nos esconder em nossos quartos e nos encolhermos diante de nossos maridos, que eram nossos senhores.
>
> Nossos pais nos vendiam com dez anos de idade, ou ainda menos. Nossos maridos nos batiam com um pau ou nos chicoteavam quando bem entendessem. Se quisessem nos congelar, congelávamos. Nossas filhas, uma alegria para nós e uma ajuda em casa, eles vendiam, assim como nós tínhamos sido vendidas.

O trabalho feito pelas mulheres do escalão inferior do Jenotdiél em todo o país sem dúvida rendeu frutos. Ele estabeleceu as bases para a imposição de um sistema rigoroso de igualdade de gênero mesmo nas regiões socialmente mais atrasadas da jovem União Soviética. Essas mulheres corajosas e autoconfiantes enfrentaram os homens de cabeça erguida, sem armas ou guardas. Três quadros do Jenotdiél foram mortos "por bandidos". No centro de uma cidade muçulmana, elas exibiram um filme representando uma heroína muçulmana que se recusou a se casar com um homem velho que a comprara. Em Baku, mulheres saindo de um clube do Jenotdiél foram atacadas por homens com cães selvagens (não havia muita diferença entre os dois) e desfiguradas com água fervente. Uma mulher muçulmana de 20 anos, orgulhosa por ter se libertado, foi banhar-se de maiô. Ela foi cortada em pedaços por seu pai e irmãos porque isso "insultou a dignidade deles". Houve trezentos assassinatos similares ("ofensas contrarrevolucionárias", no que diz respeito ao Estado) num período de três meses apenas em 1929. Mas, apesar do terror patriarcal, as mulheres venceram no final. Centenas de muçulmanas e outras mulheres nessas regiões começaram a se voluntariar como tradutoras e funcionárias nos escritórios do Jenotdiél. E há relatórios extremamente eloquentes sobre como, em cada dia de maio e no Dia Internacional da Mulher, milhares de mulheres voluntária e insolentemente descartaram seus

[3] Aglutinação para *Jênski Otdiêl* [Departamento de Mulheres], órgão do Secretariado do Comitê Central do Partido Comunista da União Soviética criado por Alexandra Kollontai e Inessa Armand em 1919 e que manteve suas atividades até 1930. Ver, neste volume, o artigo de Wendy Goldman, "A libertação das mulheres e a Revolução Russa". (N. E.)

véus. Elas nem sequer olharam para trás. A autoemancipação era o modelo sugerido pelo Jenotdiél, não uma imposição do Estado. E ela aconteceu.

Alguns líderes bolcheviques opunham-se ao Jenotdiél. Rikov, muito envolvido com sindicatos predominantemente masculinos, reivindicava que o Jenotdiél fosse dissolvido por ser motivo de divisão. Zinoviev se opôs até mesmo à convocação do Congresso de Mulheres de 1919. Outros queriam usá-lo como uma forma de marginalizar as mulheres bolcheviques e deixar o partido "de verdade" para os homens, o que era, de qualquer maneira, mais ou menos o caso. Elena Stasova, secretária do partido em outubro de 1917, foi removida de sua posição quando a capital se mudou para Moscou. Ela ficou irritada (mesmo que seu sucessor, Jacob Sverdlov, fosse o organizador mais talentoso disponível) e recusou-se a ser deslocada para o Jenotdiél, tornando-se uma das secretárias políticas do gabinete de Lênin. O próprio Lênin defendeu vigorosamente o Jenotdiél contra todas as formas de reducionismo. No que provavelmente foi sua última entrevista sobre o tema (sua interlocutora era Clara Zetkin), ele reagiu furiosamente ao ser informado de que muitos "bons camaradas" eram hostis a qualquer ideia de que o partido criasse corpos especiais para o "trabalho sistemático entre mulheres". Eles argumentavam que todos precisavam ser emancipados, não apenas as mulheres, e que Lênin se rendeu ao oportunismo nessa questão. Zetkin escreveu:

> "Isso não é novo nem prova", disse Lênin. "Você não deve se deixar enganar por isso. Por que nunca tivemos tantas mulheres quanto homens no partido – em nenhum momento da Rússia Soviética? Por que o número de mulheres organizadas nos sindicatos é tão pequeno? Os fatos nos obrigam a refletir... É por isso que está correto que apresentemos reivindicações favoráveis às mulheres... Nossas demandas são conclusões práticas que extraímos das necessidades ardentes, da vergonhosa humilhação das mulheres na sociedade burguesa, indefesas e sem direitos... Nós reconhecemos essas necessidades e somos sensíveis à humilhação das mulheres e aos privilégios dos homens. Odiamos, sim, odiamos tudo, e aboliremos tudo o que tortura e oprime a mulher trabalhadora, a dona de casa, a camponesa, a esposa e a pequena comerciante, sim, e em muitos casos também as mulheres das classes possuidoras.

БЕЙ

Composição gráfica de El Lissitzky, com os dizeres "Bata os brancos com a cunha vermelha", de 1919 (ver páginas 14 e 15).

O construtivismo russo:
História, estética e política

Clara Figueiredo

> Ele [El Lissitzky] também nos mostrou livros e suas fotografias, algumas delas eram muito engenhosas [...]. Perguntei se ele pintava. Ele respondeu que pintava apenas quando não tinha nada mais a fazer, e como isso nunca acontecia, nunca pintava.[1]
>
> (Alfred Barr Jr., 1928)

Entre dezembro de 1927 e fevereiro de 1928, Alfred H. Barr Jr. (1902-1981), primeiro diretor e curador fundador do MoMA de Nova York, esteve na Rússia. Barr pretendia observar de perto as produções das vanguardas russas. Ao chegar na URSS – segundo seu diário –, em vez dos esperados clichês geométricos, deparou com uma gama de produções e debates que visavam reformular paradigmas tradicionais da arte e sua nova função social[2]. Em vez de pinturas e abstrações geométricas, os russos mostraram fotomontagens e fotografias, falaram sobre seus trabalhos na Vkhutemas (Escola Superior de Arte e Técnica, Moscou, 1920-1930)[3] e dos debates do grupo LEF (Frente de Esquerda das Artes, 1922-1928) – grupo interdisciplinar composto por pintores, cineastas, fotógrafos, poetas e teóricos de diversas correntes de vanguarda, como futuristas, construtivistas e produtivistas que

---

[1] Alfred H. Barr Jr., "Russian Diary – 1927-1928", em *October*, n. 7, 1978, p. 21.

[2] Ibidem, p. 10-51.

[3] O Ateliê Superior Estatal Técnico-Artístico (Moscou, 1920-1930) foi um centro estatal de formação artística técnico-industrial. O Vkhutemas contou com uma organização político-administrativa próxima do modelo dos sovietes e com um quadro de professores constituído por artistas de vanguarda, como A. Rodchenko (1891-1956), K. Malevich (1878-1935) e V. Tatlin (1885-1953) –, os quais levavam para o espaço da formação suas pesquisas e experimentações, transformando o Vkhutemas num importante espaço de discussão e produção artística. Ver Jair Diniz Miguel, *Arte, ensino, utopia e revolução: os ateliês artísticos Vkhutemas/Vkhutein (Rússia/URSS, 1920-1930)* (Tese de Doutorado em História, São Paulo, FFLCH-USP, 2006).

buscavam desenvolver uma arte cuja gramática estivesse ligada aos princípios da Revolução de Outubro.

Contrariando o ideário construtivista, umbilicalmente ligado à Revolução de Outubro, a historiografia tradicional (Rickey[4] e Bann[5]) restringiu o movimento, fundamentalmente, à dimensão da forma e a experimentações abstratas geométricas, despolitizando-o. Em sua recepção ocidental – especialmente via MoMA –, desenhos, cartazes, pinturas e construções espaciais foram veiculados como objetos autônomos, desprovidos de sua sintaxe histórica e de seus escopos políticos[6].

No entanto, conforme relatos do próprio Barr, a perspectiva construtivista (do grupo LEF, como um todo) era eminentemente política: "mais que um sintoma, mais do que uma expressão de um homem pós-revolucionário. É uma corajosa tentativa de dar à arte uma importante função social"[7]. O construtivismo russo buscava superar a cisão entre arte e vida através da revolução da própria concepção de arte.

Para a recente historiografia da arte russa de François Albera[8], Benjamin Buchloh[9] e Christina Lodder[10], a descontextualização e o esvaziamento político-conceitual das produções construtivistas teriam como origem: 1) a dificuldade de acesso aos documentos e manifestos; 2) as controvérsias internas aos movimentos que reivindicam essa tendência; 3) o contexto repressivo, as disputas ideológicas e as guerras (especialmente a Guerra Fria).

Além disso, muitas vezes afirma-se um suposto fracasso do construtivismo russo ou até se desconsidera seu último período – quando são enfocadas as

---

[4] George Rickey, *Construtivismo: origens e evolução* (São Paulo, Cosac Naify, 2002).

[5] Stephen Bann, *The Tradition of Constructivism* (Nova York, Da Capo, 1990).

[6] Em 1936, por exemplo, na exposição "Cubismo e arte abstrata" (MoMA), as produções das vanguardas russas foram apresentadas sem especificações histórico-políticas, como mero desdobramento do cubismo.

[7] Ainda a respeito dos registros de Barr sobre a arte russa, cabe mencionar a última frase do texto "LEF e a arte soviética" (1928): "LEF é forte na ilusão de que o homem pode viver só de pão". Nesse texto, Barr registrou a movimentação artística dos *lefistas* (Rodchenko, Tretiakov etc.) e, apesar de reconhecer o talento do grupo, julgou-os utópicos e ingênuos – o que apontaria uma possível justificativa da opção por se ater aos aspectos formais da produção construtivista (do LEF) na exposição "Cubismo e arte abstrata". Alfred H. Barr Jr., "The 'LEF' and the Soviet Art", *Transition*, n. 13-14, 1928, p. 267-70.

[8] François Albera, *Eisenstein e o construtivismo russo: a dramaturgia de forma em Stuttgart* (São Paulo, Cosac Naify, 2002).

[9] Benjamin Buchloh, "From Faktura to Factography", em *October*, n. 30, 1984, p. 82-119.

[10] Christina Lodder, *El constructivismo ruso* (Madri, Alianza, 1988).

montagens de exposições, fotografias, fotomontagens, filmes e cartazes –, julgando tais produções de menor importância ou imbuídas de caráter meramente propagandístico[11]. Na contracorrente da historiografia tradicional, o presente ensaio busca apresentar o construtivismo russo à luz de seu próprio referencial histórico e teórico, em especial da noção de "encomenda social". Pretende-se, então, discutir a passagem "do cavalete à máquina" – para usarmos uma expressão da época – como desdobramento interno vinculado ao paradigma artístico do LEF após 1921 (data do "suicídio da pintura") e às condições políticas e materiais em que ele se inseria.

O suicídio da pintura

> E cada vez que um pintor quis liberar-se realmente da representação, não pôde fazê-lo sem que o custo fosse a destruição da pintura e de seu suicídio como pintor. Penso em uma tela que Rodchenko expôs recentemente. Era uma pequena tela quase quadrada e toda coberta unicamente de vermelho. [...] Esta tela demonstra com eloquência que a pintura, enquanto arte da representatividade – o que ela sempre foi até agora –, chegou ao fim do caminho.[12]
>
> (Nikolai Tarabukin, 1923)

Em 20 de agosto de 1921, na exposição "5 x 5 = 25" (OBMOKhU[13], Moscou), o artista construtivista Alexander Rodchenko (1891-1956) expôs o tríptico *Cor vermelha pura, Cor azul puro e Cor amarela pura*. Eram três telas pequenas, quase quadradas, cobertas por uma só cor cada: vermelho, azul e amarelo. No mesmo ano, o teórico produtivista Nikolai Tarabukin (1889-1956), referindo-se a uma das telas de Rodchenko, numa palestra no INKhUK (Instituto de Cultura Artística, 1920-1924), afirmou: "Foi pintado o último quadro".

O "suicídio da pintura" (ou o tríptico monocromático de Rodchenko) marcou o apogeu do construtivismo analítico, a superação da pintura enquanto forma de representação e a postulação da obra como um objeto com valor em

[11] A recusa ou mesmo desconsideração do último período construtivista deu-se também entre historiadores críticos, como Lodder. Como será abordado na sequência, Lodder identifica no redirecionamento do LEF para a fotografia e as artes gráficas a causa e o sintoma da falência do projeto primário construtivista e produtivista. Christina Lodder, *El constructivismo ruso*, cit.

[12] Nikolai Tarabukin, *El último cuadro: del caballete a la máquina/Por una teoría de la pintura* [1923] (Barcelona, Gustavo Gili, 1977), p. 43-4.

[13] Sociedade dos Jovens Artistas (1919-1922).

si. Dali em diante, para os construtivistas, a pintura já não teria razão de ser. Fora dado o último passo na decomposição da superfície pictórica em direção ao real. A pintura fora reduzida a sua conclusão lógica, um plano pintado de uma única cor, uma cor primária.

É claro, na Rússia, continuar-se-ia a pintar. No entanto, para os construtivistas e produtivistas, as telas de Rodchenko encerrariam o processo de decomposição pictórica iniciado com Paul Cézanne (1839-1906). Não mais caberia à arte e aos artistas o papel de representar a vida, mas o de atuar nela, de construí-la. Daí a origem do nome *construtivismo*, que enfatiza a dimensão material da arte, a construção em oposição à composição.

O antagonismo entre construção e composição foi um dos eixos orientadores do construtivismo russo. A composição indicava as operações ilusionistas da pintura naturalista representativa (efeitos volumétricos, de profundidade, de caráter rítmico, luminosidade etc.), enquanto com a construção reivindicava-se a ênfase no tratamento do material, dos elementos reais e concretos da pintura (a textura, a massa, a pincelada e a sua *faktura* – isto é, as técnicas de tratamento do material, o trabalho do artista[14]).

Os construtivistas visavam superar composição enquanto princípio estético puro, vinculado à bidimensionalidade e historicamente associado à noção de representação e contemplação passiva, para afirmar a verdade materialista da construção, articulada à organização de elementos materiais e reais, e, portanto, capaz de desvelar as estruturas ilusórias e fetichistas da representação pictórica e do próprio modo de vida e produção capitalista.

Nesse sentido, fala-se de um novo tipo de realismo, não mais calcado na representação naturalista, e sim na estrutura material da arte e no desvelamento dela[15]. Disso partiria também o "produtivismo", radicalização materialista do construtivismo, marcado pela passagem do "cavalete à máquina". Ou seja, o abandono das "construções não utilitárias" (concebidas sem uma função social e ideológica direta) e das pesquisas formais (aquilo que se intitulou "construtivismo analítico" ou "período de laboratório", 1913-1920) em direção à construção material da vida (entrada dos artistas nas fábricas etc.).

[14] Nikolai Tarabukin, *El último cuadro: del caballete a la máquina/Por una teoría de la pintura*, cit.

[15] Ibidem, p. 26.

Protesto de trabalhadores pela falta crônica de água, em 1933. A foto é de Alexander Rodchenko.

O "elo-umbilical"

> Não somos sonhadores da arte que construímos na imaginação [...]
> SOMOS O COMEÇO
> NOSSA TAREFA É HOJE
> Um copo
> Uma escova para esfregar o chão
> Umas botas
> Uns catálogos.
> A expressão comunista das construções materiais. [...][16]
>
> (Rodchenko, Stepanova e Gan, 1922)

A abolição do campo artístico tradicional, da "pintura de cavalete", responderia, conforme os próprios construtivistas, não apenas a uma inflexão interna ao campo artístico, mas também, e acima de tudo, a uma "encomenda social", isto é: às demandas de seu momento histórico e de sua classe social (proletariado e campesinato).

Para os construtivistas e produtivistas russos, a falência da "arte pura" e o surgimento de movimentos como futurismo, construtivismo e produtivismo seriam correlatos ao processo que levou à Revolução de Outubro – ou seja, ao processo de transição que constituiu as bases materiais para o nascimento e o desenvolvimento de um novo sistema social, o socialismo.

Em outros termos, a superação da pintura já estaria anunciada, mas ela poderia ter ocorrido de diferentes modos, sendo a experiência revolucionária (advinda da Revolução de Outubro e da guerra civil) a determinar os rumos desse processo – o que conferiu às vanguardas russas um caráter inovador no

[16] Alexander Rodchenko, Varvara Stepanova e Alexei Gan, "Quiénes somos. Manifiesto del Grupo de Trabajo de los Constructivistas" (1922), em *Rodchenko: La construcción del futuro* (Catalunha, Fundación Caixa Catalunya, 2008), p. 104-5.

próprio desenvolvimento da arte moderna. "Pela primeira vez, uma palavra nova no campo da arte – construtivismo – veio da Rússia, não da França", afirmou Vladímir Maiakóvski (1893-1930) em 1923.

Conforme os teóricos produtivistas, o construtivismo e sua radicalização materialista resultavam da correlação de três forças principais: 1) a revolução artística, que sancionou a passagem da "representação" à "construção"; 2) a revolução social, que impôs uma reorganização total da vida; 3) e a revolução técnica, que introduziu novas formas materiais na vida cotidiana. O produtivismo foi adotado como plataforma comum do grupo Frente de Esquerda das Artes (1922-1928) – aglutinado em torno de Maiakóvski. Além de Maiakóvski e Rodchenko, integraram ou encontravam-se na órbita do LEF (respectivamente): Boris Arvatov (1896-1940), Boris Kushner (1888-1937), Serguei Tretiakov (1892-1937), Varvara Stepanova (1894-1952) e Viktor Chklovski (1893-1984), Dziga Vertov (1896-1954), Gustav Klutsis (1895-1938), Serguei Eisenstein (1898-1948), Serguei Tarabukin (1899-1956) e Vladímir Tatlin (1885-1953).

O objetivo da plataforma produtivista era atuar na construção da vida por meio da reformulação dos elementos materiais constitutivos, da chamada "cultura material". Segundo o *lefista* Arvatov, "o modo de vida cotidiano" (*byt*), bem como o "psiquismo" de uma pessoa seriam constituídos pelas relações do indivíduo e do coletivo com os objetos. As expressões "sistema universal de objetos" ou "cultura material" designariam as formas materiais socialmente úteis, criadas pela humanidade por meio da transformação da matéria bruta. A noção de "cultura material" incluía todas as etapas produtivas de um objeto, da escolha de matérias ao consumo, com especial atenção ao processo produtivo (o trabalho). Para o grupo LEF, compreender e atuar sobre a "cultura material" de uma sociedade seria imprescindível para a transformação de tal sociedade e para a reformulação das práticas coletivas do setor produtivo.

Assim, os *lefistas* pretendiam transformar a fábrica em um laboratório (centro de pesquisas), estimulando a criatividade dos trabalhadores e a constituição de modos de produção não alienados. "Ao passar pelo cadinho da criação [...] o trabalho penoso e opressivo do operário converte-se em maestria, arte."[17] Por meio da arte, de um modo de produção não alienado e autônomo e da reconexão entre as esferas da produção e da circulação (valor de uso e valor de troca), os artistas revolucionários (artistas-engenheiros) transformariam as relações de produção e as relações sociais delas decorrentes.

Já em 1920, artistas ligados ao construtivismo e ao grupo LEF, como Varvara Stepanova e Liubov Popova (1889-1924), trabalharam em fábricas têxteis.

[17] Nikolai Tarabukin, *El último cuadro: del caballete a la máquina/Por una teoría de la pintura*, cit., p. 52.

Stepanova elaborou inúmeros croquis de roupas que combinavam funcionalidade e estética, de modo a melhorar o desempenho e conforto dos trabalhadores, bem como a proporcionar uma revolução estética no modo de vida.

Rodchenko e El Lissitzky (1890-1941) tentaram desenvolver móveis multifuncionais adequados à dura realidade russa pós-Outubro e à subsequente guerra civil, que devastaram as reservas materiais e econômicas de um país fundamentalmente agrícola com um aparato produtivo subdesenvolvido. De fácil fabricação em madeira (material abundante e econômico na época), os móveis tentavam responder à carência material, à ausência de espaço das habitações soviéticas e aos anseios revolucionários de transformação do modo de vida cotidiano (*byt*) e do psiquismo burguês[18].

Em contraposição à atitude contemplativa, individualista e passiva do espectador da "pintura de cavalete", os móveis eram multifuncionais e retráteis, de modo a gerar uma nova sociabilidade criativa e coletiva. Na linha das discussões construtivistas, o projeto também buscava evidenciar sua própria produção. Dobradiças e peças do mobiliário, por exemplo, eram explicitadas, proporcionando a manipulação intuitiva e multifacetada (ampliando o seu valor de uso) e o desvelamento de sua feitura (reconectando as esferas da produção e da circulação).

Apesar das tentativas de inserção dos artistas nas fábricas e da concepção de novos objetos e mesmo espaços que visavam à edificação de um novo psiquismo e *byt* (como o clube dos trabalhadores de Rodchenko, 1924[19]), o objetivo máximo da plataforma produtivista não foi alcançado. Ainda em 1923, os próprios *lefistas* admitiram a impossibilidade de uma realização plena de tal projeto. Naquele mesmo ano, Tarabukin escreveu sobre o fracasso dessas primeiras experiências, as quais na maioria das vezes não teriam passado de uma "arte aplicada"[20] – visto que os artistas

[18] No Manifesto Construtivista, assinado por A. Gan, A. Rodchenko e V. Stepanova (1922), já estava presente a proposta de construções materiais aptas a responder às demandas de melhoria das condições da vida cotidiana dos operários (principal reinvindicação da Oposição Operária; 1920-1921) e às demandas de ruptura do núcleo familiar tradicional burguês. Críticos ao casamento e à lei familiar, como Alexandra Kollontai (1872-1952), viam nas experiências de habitações coletivas do período da guerra civil tentativas de ruptura com as concepções tradicionais de gênero e organização familiar mononuclear por meio da sociabilização do trabalho doméstico, reorganização dos espaços privados e coletivos das habitações, constituição de lavanderias, creches e espaços de lazer (como os clubes dos trabalhadores) coletivos e autogeridos. Ver: Alexander Rodchenko, Varvara Stepanova, Aleksei Gan, "Quiénes somos. Manifiesto del Grupo de Trabajo de los Constructivistas" (1922), em *Rodchenko: La construcción del futuro* (Catalunha, Fundación Caixa Catalunya, 2008), p. 104; Wendy Goldman, *Mulher, Estado e Revolução: política familiar e vida social entre 1917-1936* (São Paulo, Boitempo/Iskra, 2014), p. 232, e Anat Kopp, *Arquitectura y urbanismo soviéticos de los años veinte* (Barcelona, Lumen, 1974).

[19] Ver Clara F. Figueiredo, "Não comercializem Lênin! A crítica da LEF ao culto de Lênin", *Dazibao – crítica de arte*, São Paulo, n. 4, 2016, p. 27-62.

[20] Nikolai Tarabukin, *El último cuadro: del caballete a la máquina/Por una teoría de la pintura*, cit., p. 51-2.

não teriam conseguido revolucionar o próprio processo produtivo. Nas palavras de Tarabukin: "O problema da maestria produtivista não pode ser resolvido através de uma ponte superficial entre a arte e o processo de produção, mas somente por sua relação orgânica, pelos vínculos entre o próprio processo de trabalho e a criação"[21].

Além de pouco estudadas pela historiografia da arte russa, as experiências de entrada nas fábricas dos *lefistas* foram lidas por alguns importantes historiadores, como Lodder, como uma experiência fracassada, fruto de um recuo na radicalidade e nos dispositivos artísticos adotados pelo LEF, o que, por sua vez, teria levado à dissolução do grupo.

No entanto, como argumenta o pesquisador Benjamin Buchloh, o problema da leitura de Lodder, assim como dos que desconsideram este último período da produção construtivista-produtivista, estaria no fato de aplicarem critérios de análise e reflexão do campo da arte moderna ocidental para a experiência russa. Isto é, tais estudiosos não levariam em consideração a mudança de paradigma gerada pelo "suicídio da pintura" e a radicalização produtivista do construtivismo – que requereriam procedimentos produtivos e modos de circulação radicalmente diferentes. Na esteira de Buchloh, adiante da hipótese de Lodder, proponho uma abordagem historiográfica condizente com o referencial crítico desenvolvido pelo LEF, a noção de "encomenda social".

"Encomenda social"

> A produção de um barco, uma casa, um poema ou um par de botas deveria ser regida pela mesma lei de "economia" e de limitação material.[22]
>
> (Rodchenko, 1921)

Para o grupo LEF, a "pintura de cavalete" (arte pré-revolucionária) tinha sua justificativa social, sua forma, seu modo de produção e circulação condicionados pelo sistema capitalista. Na sociedade burguesa, a arte funcionava não apenas como um "narcótico que criava na mente humana uma vida distinta, paralela à vida real"[23], mas também como um dispositivo de distinção de classes e de reprodução de poder.

[21] Ibidem, p. 52.

[22] Alexander Rodchenko citado em Dawn Ades, *Fotomontaje* (Barcelona, Gustavo Gili, 2002), p. 71.

[23] Sergei Tretiakov, "Art in the Revolution and the Revolution in Art (Aesthetic Consumption and Production)", *October*, n. 118, 2006, p. 11-8 (p. 15).

Cartaz de Varvara Stepanova com os dizeres "Camaradas, tragam seus martelos para forjarmos a nova palavra", de 1919.

A "pintura de cavalete", com seu caráter aurático[24] e sua dimensão ilusionista, consolidava uma postura passiva e alienante do espectador, cada vez mais imerso na contemplação (individual e sedimentada na divisão entre trabalho e obra) e alheio à dimensão material que girava as engrenagens.

Com a revolução, o público de massa tomou o lugar do mecenas e do consumidor burguês, cabendo à arte um novo papel social capaz de responder às demandas dessa nova classe.

É nesse sentido que, para os *lefistas*, o "suicídio da pintura" e o redirecionamento "do cavalete à máquina" teriam sido determinados pela noção de "encomenda social", segundo a qual a função social de uma produção artística seria responsável pela determinação de todos os elementos desta: forma, conteúdo, materiais, modo de produção e circulação.

Segundo a noção de "encomenda social", os artistas pautariam sua produção em função do papel que ela desempenharia na luta de classes – construção da "cultura material" e auto-organização política do campesinato e do proletariado, reestruturação do "modo de vida cotidiano" (*byt*) e "psiquismo" revolucionário.

A noção de "encomenda social" partia do pressuposto de que não existiria uma arte universal (descolada do substrato histórico), mas, assim como num *front* de guerra, a obra de arte deveria ser pensada de acordo com os interesses e finalidades de sua classe. Compreendida como trabalho não alienado, a criação artística seria, enquanto tal, regulada pelas mesmas relações dos demais setores da produção. Nas palavras do produtivista Óssip Brik: "Nós *lefistas* nos atemos ao ponto de vista marxista ortodoxo segundo o qual tanto a temática como a estética são determinadas pela cultura de certa classe"[25].

Cabe ressaltar que, para o LEF, a noção de "encomenda social" não corresponderia a uma encomenda formal ou à submissão a diretivas exteriores, de

[24] Walter Benjamin, *A obra de arte na época de sua reprodutibilidade técnica* [1936] (Porto Alegre, Zouk, 2012), p. 27.

[25] Óssip Brik, "'Non una teoria, ma solo un slogan', Péchat'i Revolutsia, Moscou, 1929", em L. Magarotto e G. Scalia (orgs.), *L'avanguardia dopo la rivoluzione. Le riviste degli anni Venti nell'URSS: "Il giornale dei futuristi", "L'arte della Comune", "Il Lef", "Il nuovo Lef"* (Nápoles, Edizioni Immanenza, 1976), p. 293-9 (p. 293).

instituições, partidos ou órgãos estatais, mas seria pautada por uma compreensão autônoma da ordenação por parte do grupo de artistas produtores, que poderiam até entrar em contradição com os representantes dessa classe.

"Encomenda social" também não responderia à opinião pública ou ao *vox populi*, pois a arte revolucionária deveria precisamente incidir e modificar as mentalidades e ideias estabelecidas. Como descreve uma resenha crítica de *O encouraçado Potemkin* (1925) de Eisenstein, publicada na *Kino Gazeta* (1926), a "encomenda" do filme não chegou até ele na forma de uma resolução ou proposta de obra, mas como processo orgânico de evolução da Revolução e da sua evolução como artista[26].

Assim, pautados pela noção de "encomenda social", os construtivistas, na ocasião do "suicídio da pintura", realizaram uma inflexão artística que os levaria à constituição de novos paradigmas e critérios de produção e reflexão. Ao destacar o material e sua dimensão real, eles passaram a enfatizar o papel dos objetos e da "cultura material" na constituição do modo de vida e no conjunto de operações psíquicas do ser humano. Ao buscar compreender o papel da arte na luta de classes e na construção da vida, eles radicalizaram sua proposta: não mais pintando, mas colocando a serviço da sociedade suas ferramentas e pesquisas do período de laboratório, em uma guinada do ateliê à fábrica.

Em 1926, o *lefista* Arvatov escreveu artigos nos quais traçou um panorama dos processos de circulação e produção da arte de vanguarda russa de sua época e respondeu, já em 1926, às acusações de falência do projeto produtivista[27], defendendo precisamente a compreensão da produção artística a partir da "cultura material" na qual ela estava inserida e da noção de "encomenda social".

Além da falta de apoio ideológico e organizacional por parte de entidades governamentais e sindicais russas, Arvatov apontou outros fatores que teriam contribuído para a marginalização dos artistas de vanguarda e para a ascensão de grupos artísticos "de cavalete", como a AKhRR (Associação dos Artistas da Rússia Revolucionária; 1922-1932)[28]. O *lefista* assinalou a carência cultu-

[26] *Kino Gazeta* (1926), citado em François Albera, *Eisenstein e o construtivismo russo*, cit., p. 260.

[27] Boris Arvatov, "Respuesta al camarada Katsman" [1926], em *Arte y producción: el programa del productivismo* (Madri, Alberto Corazón, 1973), p. 217-21.

[28] A Associação dos Artistas da Rússia Revolucionária (AKhRR) propunha o retorno da pintura e da escultura figurativista. A AKhRR adotou como estilo artístico o "realismo heroico", antecessor do "realismo socialista" – doutrina artística oficial do partido bolchevique após 1934. Uma contradição em termos, o "realismo heroico" consistia na "documentação" naturalista, monumental e heroica dos feitos da revolução. A AKhRR foi a associação artística mais alinhada com as demandas governamentais russas (ornamentação de repartições públicas e constituição de acervo de museus). Devido ao tema (Exército Vermelho, heróis do trabalho etc.) e ao estilo pictórico eleito, suas obras tinham um forte teor propagandístico e uma assimilação rápida, fácil e contemplativo-passiva.

ral russa; a facilidade de assimilação de métodos antiquados e tradicionais; a expansão da NEP (Nova Política Econômica; 1921-1928) e do *byt nepista*. A NEP foi um giro radical na política econômica russa, que reestabeleceu uma série de elementos capitalistas, como a remuneração salarial e o capital privado na indústria e no comércio. A NEP possibilitou o retorno de uma espécie de burguesia e, com ela, o *byt nepista* – consumo de objetos supérfluos e luxuosos, prostituição, exploração do trabalhador etc.[29]

Ainda de acordo com Arvatov, os produtivistas teriam se chocado com o atraso industrial, com a debilidade financeira do Estado e com a forte hierarquização e divisão de trabalho das fábricas russas. Assim, teria havido conquistas exatamente nas atividades que requeriam menos recursos: nos cartazes da Rosta[30], na fotomontagem, na fotografia, nas construções cênicas e na poligrafia.

Desse modo, entre 1926 e 1928 tem-se uma espécie de consolidação da fotografia, da fotomontagem, do cinema e da reportagem (*factografia*), como instrumentos de luta contra a estética dominante. Para o grupo, as artes gráficas e audiovisuais adquiriram um caráter propagandístico e formativo condizente com a realidade e com as pretensões produtivistas – tanto para os artistas, que lançariam mão desse período para pesquisar novas táticas para a edificação da sociedade operária, quanto para operários e camponeses, que seriam influenciados criticamente pelas produções do LEF[31].

Assim, de acordo com os próprios *lefistas*, tal inflexão para as artes gráficas e audiovisuais não representaria o fracasso do projeto construtivista e produtivista, e sim um redirecionamento mediado pelas condições produtivas e políticas russas. Diante da constatação conjuntural da impossibilidade da realização imediata e plena do programa máximo produtivista, Arvatov escreveu que a "arte produtivista se tornará, pouco a pouco, uma realidade"[32], pois "o futuro é o hoje iniciado"[33].

---

[29] Ver Pierre Broué, *O partido bolchevique* (São Paulo, Sundermann, 2014).

[30] Agência Telegráfica Russa.

[31] Conforme explica a pesquisadora italiana Maria Zalambani, segundo o esquema arvatoviano, o produtivismo teria como tarefa a produção e a construção não apenas de objetos, mas também de comportamentos e corpos. Maria Zalambani, *L'arte nella produzione: avanguardia e rivoluzione nella Russia sovietica degli anni'20* (Roma, Longo, 1998), p. 88.

[32] Boris Arvatov, *Arte produzione e rivoluzione proletaria* (Rimini, Guaraldi, 1973), p. 75.

[33] Ibidem, p. 94.

ПРОЗОДЕЖДА

АКТЕРА

№ 7

Л. ПОПОВА. 1921.

Na página ao lado, estudo da artista gráfica Liubov Popova para o figurino do ator n. 7 da peça Le Cocu magnifique, *de Fernand Crommelynck, encenada por Vsiévolod Meyerhold no Teatro do Estado, em Moscou, 1921*

Teatro russo e revolução:
Experimentalismo e vanguarda

Arlete Cavaliere

A Revolução Russa de 1917 gerou na época um dos movimentos culturais e artísticos mais surpreendentes e multifacetados da história da arte moderna, denominado Vanguardas Russas. Tanto no plano da dramaturgia como em sua expressão cênica, a arte teatral produziu a mais audaciosa simbiose de variadas tendências estéticas e artísticas, fomentando uma profusão de experiências cênicas inusitadas, que criaram uma nova concepção do fenômeno do teatro.

Até 1917, as tendências opostas do teatro russo estiveram representadas por dois homens: Konstantin Stanislávski, reconhecido universalmente como representante maior da tendência realista e psicológica, e Vsévolod Meyerhold, figura polêmica, muito discutido e desprezado pela maior parte dos críticos, mas que impressionava o público e os profissionais de teatro como um grande inovador, preocupado sobretudo em criar um "teatro do espetáculo", cuja ênfase estava nos recursos externos, visuais e auditivos.

Meyerhold (1874-1940), um dos expoentes mais emblemáticos da vanguarda teatral russa, iniciou sua carreira como ator na Companhia criada por Nemiróvitch Dântchenko e Stanislávski em fins do século XIX. O Teatro Popular de Arte de Moscou (a palavra "popular" desapareceu anos depois) tornou-se, como é sabido, o templo do naturalismo cênico e do realismo psicológico e foi para Meyerhold uma grande escola. Mais do que isso, teve importância fundamental para as futuras inquietações estéticas de Meyerhold, que o levariam a um posterior rompimento com a Companhia de Stanislávski e à busca de novas vias para a criação teatral. Contaminado, certamente, pelas novas correntes estéticas dos inícios do século XX, afirmou-se logo como um antirrealista e, não só através de sua prática artística como encenador, mas também como teórico e pensador, passou a desafiar o academismo e o realismo-naturalismo na arte.

Desde o início do século XX, Sierguei Diáguilev (1872-1929) veiculou, pela revista *Mir Iskusstva* [O mundo da arte], o novo clima e as novas ideias de tendências artísticas como o impressionismo e, logo depois, o cubismo francês e, em menor grau, o expressionismo alemão. Desde o começo do século XX, o grupo de "O mundo da arte" iniciou uma verdadeira cruzada contra uma estética pragmática e materialista, criticando abertamente uma pintura mais preocupada com as mensagens sociais do que com a cor e a composição da obra.

Em todos os âmbitos das artes russas, as mais audaciosas investigações europeias mesclavam-se cada vez mais com uma exploração apaixonada do passado nacional russo. Ocorreram, por exemplo, importantes descobertas acerca do ícone russo. Esse interesse pelo passado artístico russo abriu novos horizontes para a investigação estética e para o estudo aprofundado da arqueologia e da história da arte russa, que se fez sentir até o período pós-revolucionário.

Todo o teatro russo de vanguarda, especialmente aquele que explodiu com a Revolução de 1917, estava orientado para uma concepção abstratizante da arte, impressa também na pintura e na literatura russas desde inícios do século XX.

A ampla renovação, que se verificou em diversos campos artísticos, era como que tragada pela cena soviética, criando uma pluralidade de novas propostas e experiências teatrais, as mais inusitadas e revolucionárias, segundo uma nova concepção do fenômeno teatral. Em 1913, Vladímir Maiakóvski (1893-1930) já havia escrito: "A grande transformação por nós iniciada em todos os ramos da beleza em nome da arte do amanhã, a arte dos futuristas, não vai parar, nem pode parar, diante da porta do teatro".

De fato, não seria exagero afirmar que todo o teatro russo de vanguarda do primeiro decênio inspirou-se nas invenções pictóricas com as tintas e os ritmos do futurismo russo.

A primeira década da Revolução Russa encontrava-se, assim, sob o signo do antirrealismo no teatro, e todas as novas tendências concebidas no período pré-revolucionário se desenvolveram e se intensificaram depois de 1917.

Na verdade, os artistas de vanguarda apresentavam-se como representantes genuínos de uma nova era, a era do proletariado, numa combinação de extremismo na forma com uma acentuada propaganda política.

Os palcos da vanguarda expressavam com entusiasmo o ímpeto e o fervor da revolução. Mas isso não significa que todos os diretores tinham necessariamente compromissos políticos. Grande parte desses inovadores (Taírov, Granóvski, Radlov e outros) aderiu ao regime soviético como forma entusiasmada de experimentar novas possibilidades artísticas, capazes de desencadear nos palcos o ritmo tempestuoso da revolução. Seus achados cênicos, com sons e luzes, aliados àqueles enredos visuais não objetivos, que se desenvolveram por meio de uma série de arabescos mímicos na interpretação dos atores, pretendiam tão somente infundir na cena soviética o espírito do grande furacão de Outubro.

Entre os anos de 1917 e 1924, qualquer teoria nova, qualquer proposição excêntrica, qualquer tentativa, por mais audaciosa que pudesse parecer, encontrava sempre seguidores entusiastas. Em todas as correntes havia sempre uma clara tendência de destruição da velha estética, pois a vanguarda interpretava a vitória do proletariado como a derrubada definitiva do realismo e do tradicionalismo com seu "individualismo egoísta e burguês".

Sem dúvida, o grande liberalismo dos primeiros anos da Revolução deveu-se à falta de uma linha teórica precisa. Desde o começo, o Partido considerou a transformação cultural como o resultado lógico das transformações sociais e políticas. Mas havia grandes divergências de opiniões sobre esse problema, particularmente entre os artistas e intelectuais, que professavam simpatia pelo novo regime e se consideravam seus aliados e colaboradores.

Entre as questões que se apresentavam, as mais importantes eram: Como criar uma nova arte soviética? O que significava uma "arte verdadeiramente popular" como um dos resultados imediatos da Revolução?

A posição mais extremada foi adotada pelo grupo do Comitê Central das Organizações Culturais, o Proletkult [Cultura proletária], que propunha o desprezo radical do passado e a criação de uma nova cultura para o proletariado triunfante. O fato é que não sabiam exatamente o que oferecer como substituto do "velho" e, por isso, experimentavam diferentes direções.

No campo teatral, o Proletkult pretendia substituir as "velhas obras burguesas" por "espetáculos de massa" e para isso contava com o apoio de vários outros grupos de esquerda, inclusive do próprio Meyerhold, que então já era bastante conhecido por suas encenações simbolistas e cujo constante anseio de inovação sempre o impelia para novas experiências e para as imensas perspectivas abertas pela Revolução.

Esse foi um dos fenômenos mais interessantes do período: o Proletkult apresentava um caráter claramente político e "sociológico": lutava por um teatro de agitação e propaganda, mas, como desejava encontrar novas formas de conteúdo revolucionário, seus caminhos se cruzaram com os da vanguarda.

Todas as tendências esquerdistas em arte, nascidas e formuladas no período pré-revolucionário, receberam novo ímpeto da Revolução e tiveram um florescimento espantoso principalmente entre 1918 e 1923, e ainda depois. Os anos da Nova Política Econômica (NEP), entre 1922 e 1928, também favoreceram a liberdade das artes, a experimentação e a excentricidade.

Somente no final da década de 1920, quando uma nova ofensiva em todos os terrenos marcou a consolidação e o endurecimento do regime, a vanguarda foi combatida e finalmente destruída com métodos policiais.

Os grupos que mais influenciaram o Proletkult e outras formações revolucionárias, durante a primeira década do regime soviético, foram os cubistas, os cubofuturistas e, por fim, os construtivistas.

Nesse sentido, é importante destacar que o cubismo teve importância fundamental para o desenvolvimento da estética do futurismo russo. Pode-se afirmar que a transformação direta da linguagem plástica cubista em linguagem poética se encontra no futurismo russo.

A maior parte dos futuristas russos estava ligada à pintura e, por isso, a ala mais representativa do movimento recebeu o nome de "cubofuturista", numa clara conexão das artes verbais com as artes visuais. Ao lado da crítica dos futuristas a uma literatura "temática" alinha-se a atitude dos cubistas na rejeição de uma cópia servil dos objetos pela pintura: a arte verbal, assim como a arte visual, deixaria de imitar a natureza pela descrição de seus objetos. O mundo artístico e o mundo poético tornam-se, assim, válidos por si mesmos, e a "inteligência do artista" substitui a sua "observação".

É extremamente difícil desenhar um quadro completo e preciso de todo o movimento futurista russo, especialmente entre os anos de 1910 e 1914, tal o ritmo frenético de suas atividades: os grupos se formam e reformam, se dividem e se agrupam, polemizam uns com os outros, reaparecem em outras cidades, sempre prontos a novas experiências, as mais inesperadas e inusitadas.

Em seus manifestos, os cubofuturistas David e Nikolai Burliuk, Vielímir Khliébnikov, Alekséi Krutchônikh e Vladímir Maiakóvski não se cansam de proclamar que a palavra deveria seguir "audaciosamente as pegadas da pintura" (1912).

Assim, tomando a pintura por modelo, sua poesia adquire uma textura concreta e rugosa. Para eles, o que importa é o aspecto sonoro da palavra: esse era o único material e tema da poesia. Em lugar do vocalismo, da liquidez, da musicalidade dos versos simbolistas, os novos poetas cubofuturistas trabalham a "palavra pura", sem relação com nenhuma função referencial ou simbólica, no que diz respeito ao objeto. Para eles, a "palavra em liberdade" deveria operar com sua própria estrutura, criando "objetos novos". Isso corresponde, em certo sentido, à "arte sem objeto" dos cubistas, com sua busca da forma geométrica, do espaço e da cor.

De tanto analisar e decompor as palavras, os cubofuturistas chegaram à chamada linguagem "transmental" ou "transracional" (linguagem *zaúm*). Levaram ao extremo a experiência sonora, a articulação informe de vocábulos inexistentes, mistura de tramas fonéticas abstratas, de nexos arbitrários. Abandonaram, assim, a natureza e a transcendência do símbolo, para inserir a prática poética na concreção do mundo da produção, como que utilizando os recursos modernos da técnica e da ciência para a construção de espécies de piruetas verbais e combinações absurdas de sons.

O que estava em pauta era uma orientação estética voltada para essa concreção, o que significava uma referência direta ao objeto, ao invés de alusões indiretas a ele. A arte passou a ser vista cada vez mais como ofício em lugar da "teurgia" dos simbolistas e de sua programática nebulosidade e ambiguidade.

Dessa forma, a arte como uma espécie de ciência experimental, como um ofício especializado (saber "como fazê-lo"), opõe-se à noção de inspiração. O artista se define como um operário que trabalha seu ofício com a precisão das fórmulas científicas. Já não celebra os estados de alma, os símbolos etéreos, mas as cidades com suas luzes, as fábricas com o ruído de suas máquinas. Certamente, há um claro programa social aí veiculado: a participação da arte na vida social acompanhando a proclamação de uma nova maneira de viver e de uma arte e uma ciência novas, que viriam completar a transformação iniciada com o movimento revolucionário. Clama-se pelo valor democrático da palavra e até mesmo pelo valor universal da arte.

Krutchônikh também apontou as possibilidades da aplicação da linguagem *zaúm* no teatro. Segundo ele, só a língua transmental aplicada ao palco poderia evitar a deformação fonética exercida pelos homens. Ele sugeriu substituir paulatinamente as velhas comédias por um repertório de textos transmentais e habituar os atores à dicção de breves sequências fonéticas, que tivessem a rapidez da imagem cinematográfica. A proposta era fazer renascer a arte dramática, por meio da linguagem *zaúm*, formada por velocíssimas "cinepalavras". Como um conjunto de peças transmentais, como um tecido de sons rudes, Krutchônikh concebeu, por exemplo, o libreto da ópera *Pobiéda nad sontsén* [Vitória sob o Sol]. A concepção do *zaúm* no palco fica bastante clara na seguinte definição:

> A língua trans-racional[1] é, antes de tudo, a língua da ação pública, cujo ritmo e frequência superam em muito, em velocidade e dinamismo, a lentidão do discurso humano usual. A língua trans-racional é o único meio de desenvolver as possibilidades do palco e abrir para o teatro novos caminhos de desenvolvimento.[2]

[1] Ou língua transmental. [N.E.]

[2] Cf. K. Tchoukovski, *Les Futuristes* (Lausanne, Editions l'Age d'Homme, 1976), p. 49.

Do ponto de vista do trabalho do ator, o diretor Radlov, em seu Laboratório de Pesquisas Teatrais, fundado em dezembro de 1922, experimentou com um grupo de atores uma espécie de interpretação não objetiva, que combinava as batidas fonéticas com uma mímica abstrata. Estava convencido de que uma linguagem de articulações desconexas, de fragmentos acústicos, ressaltaria melhor a tensão dramática. E, referindo-se ao trabalho do ator, como que inspirado pelas tramas geométricas dos quadros suprematistas de Kazímir Maliévitch, afirmou:

> O movimento de seu corpo desperta no espectador, antes de mais nada, sensações espaciais. Depende de sua habilidade criar, em quem olha, o sentido concreto das três dimensões deste espaço. O cubo de ar que envolve o corpo humano começa a viver, intersectado pelas linhas dos seus movimentos. Essas linhas, temporariamente retesadas, são percebidas pela nossa memória como existentes na realidade. Imaginem olhar um homem que nas trevas toma um archote na mão e o movimenta rapidamente pelo ar. Veremos uma série de círculos, elipses, mas não seremos capazes de determinar onde se encontra, em um dado momento, a mão que segura a luz. Assim, também o ator grava no espaço várias formas simples que vivem no ar. Aproveitando-se disso e treinando num dado sentido o próprio corpo, o ator criará diante de nós um jogo de círculos, de linhas fantásticas, de losangos e toda espécie de formas de ângulos agudos.[3]

Sem dúvida, há aqui uma clara conexão com os métodos cubistas de renúncia às formas estáticas de representação e de busca da imagem deslocada, ou seja, de uma nova forma de percepção artística.

Logo após a Revolução de Outubro os futuristas passaram a se autodenominar "tamboreiros da Revolução" e, com seu programa, pretendiam "ensinar o homem da rua a falar". Isso significava destruir os antigos valores e construir os novos, isto é, eles propunham a reorganização consciente da língua aplicada a novas formas de ser.

Todo um período do teatro russo de vanguarda viveu sob o signo do construtivismo. Se a maior parte dos cubofuturistas e grupos afins se inclinavam fortemente para o elemento urbano, para a civilização da velocidade e das máquinas, exaltando o cinema como a forma artística mais sintonizada com a precisão e a tecnologia moderna, os construtivistas retomaram essas ideias depois de 1918 e radicalizaram o objetivo de fazer uma arte que fosse "filho harmonioso da cultura industrial", atendendo às aspirações industriais da sociedade soviética

[3] Citado em Angelo M. Ripellino, *Maiakóvski e o teatro de vanguarda* (São Paulo, Perspectiva, 1971), p. 44.

nascente. A arte passou a ser construção de objetos, elaboração técnica de materiais, aproximando-se das formas do artesanato e da experiência operária.

O construtivismo na Rússia tem sido considerado um desenvolvimento consequente do cubofuturismo e das tendências pictóricas de vanguarda, e seu triunfo no campo do teatro é uma das suas mais importantes contribuições.

Meyerhold figura também aqui como o diretor teatral que melhor soube explorar as possibilidades da cena construtivista. Com efeito, não se pode compreender certa fase do trabalho teatral de Meyerhold sem o construtivismo. Da mesma forma que sem ambos não se pode pensar a dramaturgia de Maiakóvski. A própria direção cinematográfica de Eisenstein baseia-se, em certo sentido, nessa espécie de cálculo algébrico com que os construtivistas pretendiam estruturar suas obras de arte, seja a literatura, a pintura, a arquitetura ou a escultura.

O centro de gravidade do construtivismo passou a ser a revista *Liév Front Iskustv* (LEF) [Frente Esquerda das Artes], fundada por Maiakóvski, em 1923. A LEF propunha-se participar ativamente no desenvolvimento da sociedade soviética, criando novas formas para a arte inspiradas na técnica e no industrialismo.

Em 1920, Meyerhold foi nomeado chefe do Departamento Teatral do Comissariado de Educação e, ao lançar o movimento "Outubro Teatral", proclamou: "Chegou o momento de fazer uma revolução no teatro e de refletir em cada representação a luta da classe trabalhadora por sua emancipação". Parecia-lhe claro, porém, que somente formas novas poderiam cumprir essa tarefa. A ideia foi aceita com entusiasmo por seus jovens discípulos. Sua principal preocupação nesse momento foi dar vida a um teatro diretamente empenhado nas polêmicas políticas. Um teatro capaz de refletir as ideias do comunismo com a mesma ênfase dos comícios e cartazes. Mas deve-se frisar que, assim como os cubofuturistas, a tendência política de seu teatro nunca impediu a experimentação formal. Os acontecimentos de Outubro, segundo o encenador russo, certamente valorizariam as experiências mais inusitadas, sem reprimir a liberdade do artista na escolha dos meios, nas estratégias e nas invenções.

Assim, Meyerhold abandonou as sutilezas estéticas da era simbolista e passou apaixonadamente às extravagâncias irreverentes dos futuristas, empreendendo no campo do espetáculo uma ação análoga à desenvolvida por Maiakóvski no âmbito literário. Na verdade, assim como Stanislávski encontrou nas peças de A. Tchékhov terreno fértil para suas investigações artísticas, também Meyerhold experimentou muitas de suas propostas teatrais apoiado na dramaturgia de Maiakóvski.

O primeiro trabalho comum entre os dois marcou a história do teatro soviético: *Mistério-bufo* suscitou acesas polêmicas entre os críticos que, diante do radicalismo tanto do texto quanto da encenação, chegaram a afirmar que aquele trabalho não era apropriado para as massas operárias. Aliás, a acusação de serem "ininteligíveis para as massas" acompanhará tanto Meyerhold como Maiakóvski e tantos outros artistas da Vanguarda Russa até seus últimos dias.

O título e o subtítulo desse texto dramático de Maiakóvski (escrito e encenado em 1918 e, numa segunda versão, em 1921) não deixam dúvidas sobre o viés político e sobre o alucinado ritmo futurista expresso na liberdade formal, com que o dramaturgo imprimiu em sua pesquisa teatral os tempestuosos acontecimentos de Outubro: *Mistério-bufo: pintura heroica, épica e satírica de nossa época.*

A explicação do título da comédia, apontada pelo próprio dramaturgo no programa do espetáculo (levado, em 1921, a um circo de Moscou, em homenagem ao III Congresso do Comintern), também esclarece o movimento de duplicidade paródica, da dialética do sério-cômico e da tradição-modernidade, que, na sucessão frenética de personagens-tipos, cenas e diálogos, criavam uma simbiose entre a atualidade do teatro político com o espetáculo sacro do mistério medieval.

> *Mistério-bufo* é a nossa grande revolução, condensada em versos e em ação teatral. Mistério: aquilo que há de grande na revolução. Bufo: aquilo que há nela de ridículo. Os versos de *Mistério-bufo* são as epígrafes dos comícios, a gritaria das ruas, a linguagem dos jornais. A ação de *Mistério-bufo* é o movimento da massa, o conflito das classes, a luta das ideias: miniatura do mundo entre as paredes do circo.[4]

Considerada a primeira peça soviética, essa comédia, versificada na forma da linguagem popular, foi criada por Maiakóvski, segundo consta, para atender à encomenda de escrever uma revista política para a Casa do Povo em Petrogrado e projetada para a comemoração do primeiro aniversário da Revolução de Outubro. Em virtude das violentas críticas e da acusação de ser um espetáculo inapropriado para as massas, porém, as representações da peça limitaram-se apenas a três dias (7, 8 e 9 de novembro de 1918), sob a direção de Meyerhold e com cenografia do pintor suprematista Maliévitch[5].

---

[4] Citado em Elsa Triolet, "Maïakovski et le Théâtre", em *Maïakovski: vers et proses* (Paris, Éditeurs Français Réunis, 1957), p. 390. Ver também Angelo M. Ripellino, *Maiakóvski e o teatro de vanguarda*, cit., p. 77.

[5] Sobre a gênese da peça e sua encenação realizada por Meyerhold, ver Konstantin Rudnítski, *Théâtre Russe et Sovietique* (Paris, Editions du Regard, 1988); Elena Strutinskaia, *Iskânia khudójnikov teatra* [As pesquisas dos artistas do teatro] (Moscou, Gossudárstvenii Institut Iskustvoznania [Instituto Estatal do Estudo das Artes], 1998), principalmente o capítulo "Mistéria-buf i viech"; e Aleksandr Freválski, "Pérvaia soviétskaia piéssa" [A primeira peça soviética], em *V mire Maiakóvskovo: sbórnik statiei* [No universo de Maiakóvski: coletânea de artigos] (Moscou, Soviétski Pissátel', 1984), p. 232-58.

A segunda versão, escrita em 1920 e encenada sob a direção de Meyerhold no Teatro RSFSR Primeiro, em Moscou, na comemoração do 1º de Maio de 1921, também foi alvo de críticas caluniosas, debates estrepitosos e calorosas polêmicas, que acusavam a tendência demasiado política e o caráter debochado do espetáculo. Maiakóvski viu-se obrigado a fazer leituras do texto em bairros operários, participando de assembleias e comícios para comprovar a perfeita compreensão e a acolhida positiva pelo público popular dessa nova versão de *Mistério-bufo*.

De qualquer forma, toda aquela galeria de bufões (os sete pares de puros e os sete pares de impuros que se contrapõem nos seis atos dessa comédia *clownesca*[6]), repleta de expedientes do teatro de feira e de máscaras circenses, foi considerada inadequada para data tão solene e a cultura oficial, propugnada pelo comitê central do Partido, classificou-a como uma sátira grotesca de mau gosto.

As diferenças entre as duas versões, embora significativas[7], não retiram do texto a base paródica, em que se inscrevem inversões cômico-grotescas de toda ordem: procedimentos dramático-cênicos dos mistérios e das moralidades medievais edificantes, com seus temas e episódios bíblicos, interagem de forma festiva e espetacular com fantoches e bonecos despsicologizados, caros ao simbolismo russo[8], bem como com a tradição da mascarada carnavalesca típica da cultura e do teatro popular, matizados aqui de inusitados

[6] No prólogo, ao estilo das apresentações do circo ambulante e do teatro de feira, um dos impuros (na primeira versão, o prólogo era declamado pelo conjunto dos impuros, os operários) expõe, em síntese didática e jocosa, a estrutura da peça (argumento, temas e significado dos atos). A peça está composta por seis atos: o primeiro ato é a figuração do dilúvio universal; o segundo ato acontece na arca, onde ocorre a tomada de poder pelos puros; o terceiro ato tem lugar no inferno, ridicularizado pelos impuros-operários que nada temem; no quarto ato, eles atravessam o céu, visto também em derrisão; no quinto ato, os impuros estão entre os destroços e com seu otimismo vencem a figura da devastação; e, finalmente, no sexto ato, os impuros voltam à Terra e alcançam a Terra Prometida, isto é, a sociedade soviética do futuro. A peça termina com a *Internacional* cantada em coro pelos impuros.

[7] Em sua segunda versão, o dramaturgo atualiza o texto, incluindo, em forma dramática, os últimos acontecimentos históricos e as circunstâncias do momento (a guerra civil, a intervenção ocidental, a escassez de alimentos, o racionamento, a eletrificação, o mercado negro, a especulação, a Tcheká etc.) e substitui alguns personagens, acrescentando outros, como a Devastação, o Soldado Vermelho, Clemenceau, Lloyd George. O *Hino à Comuna*, que conclui a peça na primeira versão, na segunda é substituído pela *Internacional*.

[8] Se com frequência os personagens do simbolismo (muitos deles também inspirados em figuras do teatro de feira e da cultura popular) se desvanecem em melancólica ironia, nesse texto de Maiakóvski, as cores vibrantes do futurismo imprimem a essas máscaras-caricaturas o caráter vital, luminoso e ágil da algazarra do teatro popular, com sua mistura de temas sacros e profanos, a linguagem dos trocadilhos e da oralidade irreverente.

efeitos cênicos e expedientes do teatro de engajamento político, próprios da cena futurista[9].

A contraposição de dois mundos e dois tempos (o velho a ser destronado pelo novo) aparece, sem dúvida, de forma um tanto esquemática (como frequentemente ocorre, aliás, nas formas da arte popular) para evidenciar o conflito entre as diferentes máscaras sociais: de um lado, um negus abissínio, um rajá hindu, um paxá turco, um chinês, um persa corpulento, um francês gordo (transformado na figura histórica de Clemenceau, na segunda versão), um oficial italiano (Lloyd George, na segunda versão), um americano etc., evidente alusão ao tema, então em voga, do internacionalismo do pós-guerra; de outro lado, o embate com os impuros, a classe dos trabalhadores, representados por um mineiro, um chofer, um soldado vermelho, um maquinista, um carpinteiro etc., para os quais "nossa pátria é o nosso trabalho".

A mesma dualidade se estende à figuração do inferno e do paraíso e dos personagens que aí habitam: aos diabos, chefiados por Belzebu, se opõem entidades santificadas: Matusalém, Jean-Jacques Rousseau, Tolstói, Gabriel e outros anjos celestiais. Não menos surpreendente é a irrupção final na Terra Prometida de objetos personificados (martelo, máquinas, foices, plainas, torqueses etc.), que celebram o novo mundo em comunhão com os trabalhadores vencedores, visão apoteótica e apocalíptica de um tempo-espaço futuro em plena harmonia, ainda que em tom de bufonada.

A correlação com os fatos históricos recentes quase esbarra no didatismo: se o dilúvio prefigura o movimento revolucionário, o episódio da deposição do negus equivaleria à Revolução de Fevereiro e a rebelião dos impuros, à Revolução de Outubro. Já a destruição do paraíso e do inferno aponta para a

[9] É possível surpreender também em *Mistério-bufo* a linguagem dos cartazes políticos pintados, acompanhados de vinhetas e comentários versificados sobre os fatos mais recentes, encomendados a Maiakóvski pela Rosta, a Agência Telegráfica Russa, para a qual ele trabalhou nessa época. Expostos nas janelas das lojas do centro de Moscou, esses desenhos receberam o nome de *okna* [janelas], cujos tipos e máscaras parecem se desdobrar nas figuras dos puros e impuros (burgueses e operários) e demais caricaturas que protagonizam essa peça do dramaturgo. Mas é preciso atentar ainda para as variadas formas das atrações populares que divertiam a população nos espetáculos de feira russos, em especial o teatro de bonecos, com as aventuras hilariantes do esperto fantoche Petruchka, bem como o *raiók*, série de quadros populares com imagens coloridas de cenas e figuras simples e ingênuas, projetados em sequência, sob lentes de aumento, dentro de espécies de caixas mágicas que muito agradavam o gosto do público popular. Assim, em *Mistério-bufo*, Maiakóvski empreende uma releitura de motivos do folclore e da cultura russa popular, estruturando a sua experimentação teatral futurista com base em uma orgânica dinâmica que faz interagir tradição e modernidade. Cf., a propósito, Konstantin Rudnítski, "Teatr futuristov" [O teatro dos futuristas], em *Rúskoe rejissiórskoe iskússtvo, 1908-1907* [A arte dos diretores russos, 1908-1917] (Moscou, Naúka, 1990), e também Aleksandr Freválski, "Pérvaia soviétskaia piéssa", cit.

discussão, matizada de derrisão, da cultura religiosa russa entre os "impuros operários", e a chegada à Terra Prometida configura o apoteótico final da parábola: o advento do socialismo.

A encenação de Meyerhold, em colaboração com o próprio Maiakóvski (especialmente na segunda versão do texto, em 1921), salientou ainda mais o entrelaçamento de procedimentos cênicos circenses, inspirados no teatro de feira e nas formas do teatro popular, com expedientes feéricos do teatro futurista. Se, por um lado, os versos finais de cada um dos atos (cantados individualmente pelos atores e repetidos em coro) aludem à musicalidade da modinha folclórica popular (a *tchastúchka*, que reverbera nos versos da peça com seu ritmo e rimas fáceis e brincalhonas), por outro, eles adensam o estilo de revista política e fazem penetrar no espetáculo o gênero do teatro-cabaré, bastante em voga mesmo antes da Revolução.

De outra parte, nesse jogo paródico-irônico com as diferentes convenções teatrais do passado, a forma do mistério medieval congrega não propriamente o teatro-comunhão (de caráter religioso, tendente ao êxtase místico para a revelação do indizível da vida espiritual e cultuado pelo teatro simbolista), mas as assembleias, os comícios públicos e os espetáculos propagandísticos de massa.

Nesse contexto, a valorização do jogo do ator e a liberação de seu corpo pelo encenador (por meio de pantomimas acrobáticas, que desenham os hábeis movimentos de todos aqueles *clowns* grotescos) correspondem plenamente ao ritmo vertiginoso dos últimos sucessos da atualidade política e social russa, introduzidos ainda com mais ênfase pelo dramaturgo na segunda versão do texto, que incluía a advertência inicial:

> Mantida a estrada (a forma), modifiquei de novo partes da paisagem (o conteúdo). No futuro, todos aqueles que forem representar, encenar, ler, publicar *Mistério-bufo* que mudem o conteúdo, façam-no contemporâneo, atual imediato.[10]

Às inventivas corporais dos atores-personagens associam-se as engenhosidades do discurso verbal nos versos maiakovskianos: jargões políticos, incoerências discursivas, neologismos em profusão, alogismos de toda ordem, puros jogos sonoros semanticamente vazios. Ou seja, o dramaturgo constrói os diálogos por meio da linguagem versificada e colorida de seus heróis, como

[10] Vladímir Maiakóvski, *Mistério-bufo* (trad. Arlete Cavaliere, São Paulo, Editora 34, 2012), p. 11.

uma espécie de mascarada fraseológica destinada a caracterizar de forma paródica os diferentes tipos sociais, assim como a linguagem das ruas contraposta de forma debochada ao discurso oficial, às palavras de ordem do momento político, misturadas a certo eslavonismo próprio das falas bíblicas parodiadas.

O fato é que essas "extravagâncias futurísticas" elevam a linguagem do palco e a direção teatral a graus de experimentação jamais imaginados na cena soviética. Os antigos telões pintados, o decorativismo excessivo e supérfluo são substituídos no palco por armações abstratas, andaimes, escadas giratórias, encaixes, enfim, por todo um aparato cênico que alude ao triunfo da máquina com suas engrenagens e dispositivos mecânicos, símbolo de um tempo veloz e extravagante.

Servindo-se desse novo espaço, Meyerhold investigou também um novo sistema para a interpretação do ator. Os tablados e andaimes da cena construtivista serviam de base para a exploração do virtuosismo cinético de um novo ator. Em vez de "emoções verdadeiras", a teoria da "biomecânica" oferecia um conjunto de saltos, flexões, simulações, golpes, enfim, toda uma linguagem corporal que pretendia substituir o ator da intuição, do *perejivánie* [experiência interior] stanislavskiano, por um ator-ginasta, um ator-acrobata que, com seus dotes físicos, simbolizaria, em última análise, o homem ideal da época.

Meyerhold partiu da premissa de que a verdade das relações e da conduta humana, a essência do homem, se expressa não por palavras, mas por gestos, passos, olhares, ações. Afirmou: "A muda eloquência do corpo pode fazer milagres e a palavra não é mais de que um bordado sobre o tecido do movimento".

Ao colocar os atores, vestidos com macacões de trabalho, girando por entre as peças daqueles dispositivos cênicos, a biomecânica de Meyerhold certamente aproxima o teatro das cadências da produção, e o ator, numa exatidão extremada de movimentos, assume o aspecto de um operário diante das máquinas.

Mas a agilidade dos atores de Meyerhold os impedia de cair num certo esquematismo de gestos como se fossem bonecos vazios. A esse rigoroso abstratismo, tanto da biomecânica quanto do construtivismo, juntava-se uma teatralidade repleta de humor *clownesco*, em que os atores, como bufões da *commedia dell'arte*, pareciam improvisar truques, surpresas e piruetas.

Na verdade, essa alegre comicidade repleta de brincadeiras, lembrando os teatros de feira com suas cambalhotas, perseguições e arlequinadas, nunca desapareceu dos espetáculos de Meyerhold e sempre fez parte das investigações estéticas do diretor, mesmo em muitos dos espetáculos anteriores à Revolução. Isso explica também o seu desejo, principalmente nos anos subsequentes à Revolução, de transferir o teatro para espaços abertos, para as praças públicas, e chegar, enfim, a um espetáculo "extrateatral", isto é, com a abolição da cena, do cenário e dos figurinos, os atores, a peça e sua representação poderiam ser substituídos por um jogo livre de trabalhadores, que consagrariam uma parte de seu tempo livre a um jogo teatral improvisado no próprio local de trabalho e num cenário inventado por eles.

É certo que todas essas experiências provocavam acirradas discussões sobre o futuro da arte teatral e calorosos debates se realizavam então contra ou a favor da nova direção teatral. Maiakóvski participou de numerosos debates, em que assumiu a defesa dos trabalhos de Meyerhold. E o próprio encenador muitas vezes teve de ir a público para defender suas propostas estéticas.

É preciso imaginar também a atmosfera de excitação e aventura reinante naqueles anos pós-revolucionários. A miséria e a devastação que assolaram a Rússia com a guerra civil não impediram o surgimento de centenas de novas empresas teatrais e de grupos amadores por todo o território soviético. Até 1927 contavam-se 24 mil círculos teatrais. As escolas dramáticas estavam inundadas de alunos. Enquanto os clubes de trabalhadores e camponeses promoviam o movimento amador, os grupos mais intelectualizados das grandes cidades repetiam os lemas futuristas ou do Proletkult, aclamavam Meyerhold como líder mais representativo do teatro russo e faziam toda espécie de experimentos para encontrar a linguagem teatral adequada à nova sociedade. O interesse pelo teatro parecia epidêmico. Os teatros atraíam enormes auditórios e o mesmo acontecia com os grupos dramáticos e as plataformas cênicas improvisadas.

É claro que a distribuição gratuita de entradas entre trabalhadores e soldados era um fator importante, mas isso certamente se aliava ao desejo de diversão naqueles duros tempos de fome e miséria, em que o teatro oferecia alguma forma de canalização de energias. Havia, sem dúvida, como que uma explosão do instinto criador, um desejo de autoexpressão e uma multiplicidade de atividades artísticas, o que explica o aparecimento de grupos de teatro nas fábricas, nas aldeias, no Exército e na Marinha Vermelha.

No entanto, dentro dessa febril atmosfera, quando nada parecia demasiado radical ou impossível e as artes se orientavam por uma livre experimentação de formas e estilos, forças hostis também se uniam como resistência a esse amplo movimento. Aquela multidão popular e os auditórios maciços levavam determinados setores do Partido a questionar a repertório e o nível das representações teatrais. Os setores mais ortodoxos não estavam tão interessados em encontrar uma nova forma artística revolucionária, mas queriam sobretudo utilizar o teatro como plataforma política e como meio de "ilustração" do povo. Por isso, estavam perfeitamente satisfeitos com o realismo e não lhes interessavam as inovações de Maiakósvski, Taírov ou Meyerhold. O choque entre as diferentes tendências era inevitável, mas só se tornou agudo em fins da década de 1920. Nos primeiros dez anos da Revolução, os mais frutíferos e coloridos, a vanguarda ocupou uma posição dominante e seu líder universalmente reconhecido foi, sem dúvida alguma, Meyerhold, que teve a liberdade para promover e realizar os projetos mais extravagantes.

Apesar da oposição a toda espécie de formalismos da vanguarda, a partir de 1923, e dos violentos ataques de certas facções da imprensa, a posição de Meyerhold era muito forte. Além de possuir uma grande popularidade entre a juventude, contava também com importantes defensores dentro do próprio governo, entre os quais o próprio Lunatchárski, o Comissário da Instrução Pública.

Nos anos mais auspiciosos de sua diversificada carreira artística, Meyerhold ocupou-se da montagem de clássicos da dramaturgia russa. Respondia, assim, ao slogan "Voltar a Ostróvski!", lançado por Lunatchárski com o objetivo de resolver o decantado problema do repertório a ser levado por esse novo teatro que surgia.

Muitos diretores se dispuseram a reelaborar, em tom moderno, as velhas comédias do século XIX. E, no entanto, não ocorria exatamente um retorno aos clássicos, mas uma tentativa de aplicar também à dramaturgia do passado os novos procedimentos artísticos da vanguarda, mostrando, sob a óptica do presente, autores vinculados à tradição acadêmica dos teatros imperiais.

Não só Meyerhold, mas também Eisenstein, Kózintzev e Trauberg causaram muita indignação com seus espetáculos, que eram classificados como uma "deformação dos clássicos", um "arbitrário" retalhamento e uma decomposição das obras dramáticas de Ostróvski, Gógol e Griboiédov, mas que resultavam em verdadeiras restaurações baseadas, muitas vezes, em minuciosas pesquisas histórico-filológicas. Dissecavam-se os textos do século passado como se fossem objetos de um quadro cubista, desmontando-os em pedaços como faziam também os linguistas do Opoiaz [Sociedade de Estudo da Linguagem Poética] em suas análises estruturais.

Apesar de terem sido tachadas de "deturpações sacrílegas dos clássicos", essas reconstituições correspondiam ao gosto da época e estavam em voga entre todos os diretores da vanguarda que, com aquelas bizarras colagens, entremeadas de números circenses e expedientes do *music-hall*, pretendiam fazer eco às circunstâncias da época.

Meyerhold projetava nessa época, por exemplo, realizar o que ele denominava *Kinofikátsia tiatra*, isto é, adaptar o teatro à sintaxe do cinema. Foi exatamente isso que ele empreendeu com a montagem de *Liés* [A floresta] de Ostróvski, ou de *Revizor* [O inspetor geral] de Gógol, em que a habitual subdivisão em atos longos foi substituída pela fragmentação do texto em quadro/

episódios, que se sucediam com ritmo rápido e dinâmico, como que imitando a linguagem cinematográfica. Além disso, entre os anos de 1922 e 1928, o interesse pelo Ocidente ainda era muito grande e os intercâmbios culturais com a Europa e a América sintonizavam as artes com a tendência "urbanista". Meyerhold e toda a vanguarda inspiravam-se nessa espécie de "urbanismo" para, mesmo ao retratar a desilusão moral e a decadência da "cultura burguesa", tingir seus espetáculos com os tons de certo americanismo, do *fox-trot*, do cinema e do romance policial, emprestando à cena russa as imagens febris e sedutoras das metrópoles ocidentais com seus *cabarets* e suas figuras noturnas e misteriosas.

A tudo isso é preciso acrescentar aquela comicidade *clownesca*, os achados e procedimentos da comédia popular, que imprimia aos espetáculos um clima audacioso e excêntrico.

Chegou-se até mesmo à criação de um movimento chamado *ekstzentrism* ["excentrismo"]. Em um almanaque com esse nome, publicado em 1922, alguns diretores expuseram as teses de um credo teatral, que transformaria a cena numa dinâmica fragmentação desconexa e numa sequência de truques fulminantes. Quanto ao ator, o almanaque pregava um movimento mecanizado:

> O ator não tem sapatos, mas rodas, não tem máscara, mas um nariz que acende, e as corcundas que surgem de repente, as barrigas que incham, as perucas vermelhas que se arrepiam na cabeça dos *clowns* são o fundamento do traje cênico moderno.[11]

Também Eisenstein, desligando-se cada vez mais do teatro "figurativo", chegava à sua "montagem de atrações" e à ideia futurista de criar um espetáculo não objetivo, fundado na extravagância e no movimento puro. É oportuno lembrar que Eisenstein foi discípulo e profundo admirador do mestre Meyerhold, tendo frequentado, em 1922, os seus cursos de direção e ali assimilado a biomecânica e o construtivismo.

E, sem dúvida, ambos os diretores compartilhavam da proposta futurista de que o teatro deveria colaborar com a destruição das obras-primas imortais, "plagiando-as, parodiando-as, apresentando-as de qualquer maneira, sem aparato e sem compunção, como um número qualquer de atração"[12].

[11] Angelo M. Ripellino, *Maiakóvski e o teatro de vanguarda*, cit., p. 142.

[12] Manifesto de 1915 do futurista italiano Filippo Tommaso Marinetti citado em ibidem, p. 150.

Não é difícil perceber que todo o programa da vanguarda era animado por esse espírito irreverente e alegre, que conferia aos espetáculos a aparência de um caleidoscópio vertiginoso, em que as extravagâncias mais variadas se uniam como que ao acaso, num jogo incessante de armadilhas, bufonadas, canções de café-concerto, exercícios de prestidigitação e procedimentos circenses. O que havia de comum entre esses diretores era uma espécie de aversão polêmica por todos os aspectos da "arte burguesa" de orientação psicológica e a proposta de substituir o teatro literário por um gênero de espetáculo repleto de números extravagantes, que sujeitassem o espectador a uma ação sensorial ou psicofísica.

Ao mesmo tempo, como vimos, todas essas manifestações da vida e da arte ocidental foram condenadas oficialmente como típicas da corrupção e da decadência capitalista, o que criava uma situação ambígua cada vez que se representava a vida europeia ou norte-americana no palco.

Em sua última fase, o humor e a sátira de Meyerhold dirigiam-se cada vez mais no sentido de estigmatizar a estreiteza mental e a limitação próprias do burocratismo, intensificado após a morte de Lênin.

O entusiasmo e a alegria, tão típicos das criações de Meyerhold nos anos revolucionários, começavam a desaparecer. O mecanismo alegre do "Outubro teatral" parecia muito distante, e um novo estado de ânimo iria se refletir nos seus últimos espetáculos. Quase negando o dinamismo daquelas figuras irreverentes dos trabalhos anteriores, surgia agora no palco uma fixidez alucinada. Como que aludindo à burocracia soviética e ao temor que o regime agora inspirava em vários setores da sociedade soviética, no final dos anos 1920 seus espetáculos apresentavam uma atmosfera um tanto sombria e enigmática, substituindo o alegre tumulto anterior por figuras cujos movimentos indolentes, divididos por pausas longuíssimas numa espécie de pantomima em ritmo retardado, lembravam personagens de Hoffman, imagens diabólicas e grotescas que pareciam saídas de um delírio. Certas cenas, por exemplo, de seu espetáculo *O inspetor-geral*, de 1926, impregnadas de uma atmosfera de alucinação, apresentavam os intérpretes como fantoches típicos do simbolismo, vultos misteriosos e assustadores, que criavam a imagem demoníaca da loucura no caráter tragicômico daquele ajuntamento de autômatos e sonâmbulos em que se haviam transformado os heróis gogolianos.

A vida fervilhante de outrora povoa-se agora de bonecos estranhos, um tanto entorpecidos, e que darão conformação também aos personagens satíricos das últimas comédias de Maiakóvski. Em *O percevejo*, de 1928, e *Os banhos*, de 1929, tanto o dramaturgo como o diretor mostrariam que, após o entusiasmo retumbante daqueles primeiros anos, só lhes restava oferecer ao público sátiras grotescas e um tanto amargas, que soavam, ao mesmo tempo, como um desafio polêmico ao realismo socialista e ao mau gosto, que então se impunha cada vez mais na cena soviética, marcando o final de um rico período de experimentalismo nas artes, que parecia se evaporar agora junto com as utopias das vanguardas.

Imagem de divulgação do filme O Encouraçado Potemkin *(1925), de Sergei Eisenstein.*

Impacto e permanência do cinema soviético revolucionário

Adilson Mendes

Uma cinematografia em renovação

Nós estamos no Brasil, em 2017. Como falar do cinema revolucionário soviético dos primeiros anos da convulsão social que tomou a Rússia a partir de fevereiro de 1917 e marcou para sempre a história da modernidade social e artística? Esse cinema, mesmo tendo chegado atrasado ao projeto de construção de uma nova humanidade, cumpriu seu papel de afirmação do novo regime político. Ao mesmo tempo, inventou novas formas de dimensionar o alcance histórico dos fatos, criando obras a partir de conceituações em consonância com as vanguardas históricas e seus projetos de ataque à instituição artística, projetos de politização da arte, sua dissolução no cotidiano, e diálogo com tradições populares visando à superação da perspectiva renascentista.

Os filmes produzidos nesse período permitem não apenas uma primeira análise da sociedade soviética, mas contribuem para redefinir completamente o gosto cinematográfico ao redor do mundo, chamando a atenção da crítica atualizada, interessada na potencialidade da nova arte e em seus aportes estéticos e políticos, de Siegfried Kracauer a Walter Benjamin[1], na Alemanha, de Henri Poulaille a Léon Moussinac, na França[2]; chegando até o Brasil, onde

[1] Siegfried Kracauer, *Le voyage et la danse: Figures de ville et vues de films*, organização e apresentação de Philippe Despoix (Laval, Presses de l'Université de Laval, 2008). O livro traz ensaios do grande crítico alemão de cinema, entre eles análises de *A sexta parte do mundo* (1926) e *O homem com a câmera* (1929), ambos de Dziga Vertov, bem como o grande elogio a *O encouraçado Potemkin* (1925), de Serguei Eisenstein. Ver ainda Walter Benjamin, "O país em que o proletariado não pode ser mencionado", em *Ensaios sobre Brecht* (São Paulo, Boitempo, 2017), p. 43-6.

[2] François Albera, "La réception du cinéma soviétique en France dans les années 1920-1930", em Valérie Pozner e Aicha Kherroubi (orgs.), *Le studio Mejrabpom ou l'aventure du cinéma privé au pays des bolcheviques* (Paris, La Documentation Française, 1996).

artistas e críticos repercutem os filmes em revistas e livros, peças e filmes, de Oswald de Andrade a Mário Peixoto, de Mário Pedrosa a Ruy Guerra.

A pletórica bibliografia sobre o cinema revolucionário soviético tem se renovado muito nos últimos anos, tornando de curta validade a exegese a distância[3]. Desde que Jay Leyda, o aluno de Eisenstein e seu fiel divulgador no Ocidente, realizou sua obra precursora, *Kino: história do cinema russo e soviético* (1960), cada novo estudo lança novas luzes sobre certos filmes, delineando-os e retirando-os do esquecimento a que a historiografia tradicional os relegara. O livro de Leyda é a primeira história documentada do cinema soviético e do cinema russo de 1896 a 1919. Depois disso, inúmeros estudos surgiram e complexificaram o que até então se conhecia sobre o cinema soviético, ultrapassando a análise dos filmes e incluindo na pesquisa as condições de produção, suas gêneses, a recepção etc. E, junto com esses elementos que formam o fenômeno cinematográfico, vieram à luz cineastas como Boris Barnet, cujo trabalho ajuda a compreender quanto o debate do cinema na União Soviética tratava de política em diversos sentidos, com rigor e criatividade, inclusive do ponto de vista da forma, ao incluir as questões dos gêneros cinematográficos (aventura, cômico, melodrama, sátira).

A efervescência desse movimento cinematográfico irrompe com seis ou sete anos de atraso em relação aos eventos de 1917, e quase não há registro em imagens russas desse momento decisivo. Quando realiza seu filme sobre *A queda da dinastia Románov* (1927), a documentarista Esther Shub se serve quase que exclusivamente de cinejornais europeus (sobretudo do *Pathé-Journal*). Mesmo seus principais realizadores – Serguei Eisenstein, Boris Barnet, Vsevolod Pudóvkin, Aleksander Dovjenko – tiveram que reconstituir a emergência do período revolucionário. Ao longo dos anos 1920 trata-se de mobilizar o espectador para os valores de 1917, no empenho muito consciente de edificar a recente sociedade socialista. A direção cinematográfica de cada realizador tende a se orientar para a tomada de consciência dos personagens (*O fim de São Petersburgo*, de Pudóvkin, 1927) ou criar uma encenação fílmica da lógica política, a tática leninista (*Outubro*, de Eisenstein, 1928)[4].

Entre fevereiro de 1917 e 1919, a censura é abolida, companhias produtoras, como Ermoliev e Thiemann, produzem filmes pró-revolucionários, como *O revolucionário*, de Evgueni Bauer (1917). Quando se instaura a guerra civil e a

[3] A imensa bibliografia sobre o cinema revolucionário não deixa de se renovar. Vale mencionar aqui os estudos recentes de Yuri Tsivian, *Lines of Resistance: Dziga Vertov and the Twenties* (Bolonha, Le Giornate del Cinema Muto, 2004), assim como o fundamental *The Film Factory*, organizado por Richard Taylor e Ian Christie (Nova York, Routledge, 2002).

[4] Estas notas sobre o cinema soviético são em grande medida o resultado de minha participação no curso "Cinema soviético nos anos 1920: massas e poder", ministrado por François Albera no quadro da VI Jornada Brasileira de Cinema Silencioso (Cinemateca Brasileira, 2012).

intervenção estrangeira, porém, esse processo é interrompido e as companhias emigram para a Europa, como a famosa Albatros[5].

O impacto do documento

Extremamente rico em obras fundamentais, o cinema revolucionário soviético também permitiu que artistas, teóricos e críticos se expressassem em manifestos, artigos e livros, que ainda hoje constituem um capítulo central do discurso cinematográfico mundial.

Mais do que passar em revista os desdobramentos do impacto do cinema revolucionário soviético no âmbito artístico e acadêmico, vale retomar alguns documentos que ajudaram a definir a originalidade desse cinema.

Podemos começar citando um cineasta único, cuja obra é recuperada na atualidade como referência para o debate das novas mídias, Dziga Vertov[6]. Mais que qualquer outro, o cinema revolucionário soviético é muito marcado pela série de manifestos, em que personalidades e grupos defendem tendências e formas específicas de figuração do novo momento social. Denis Arkadievitch Kaufman (que criou para si o nome Dziga Vertov – "movimento eterno" em ucraniano) tem 23 anos quando explode a revolução. Desenvolve uma obra documental e poética, defendida com virulência em seus manifestos, com tal teor que levará muitos analistas a aproximá-lo do futurismo de Marinetti e do simultaneísmo de Apollinaire. O *Cine-olho* é a expressão mais acabada de sua proposta, exaltando o olhar da máquina, que vê mais do que o olho humano e não deforma o mundo com o sentimentalismo burguês. Em seu manifesto *A importância dos cinejornais*, declara:

> Os arrendadores de filmes e o público burguês e semiburguês boicotam os cinejornais cujos melhores exemplos são os números do *Kinopravda*. Porém essa circunstância não nos obriga ao alinhamento de acordo com os gostos convencionais dos filisteus. Simplesmente nos obrigou a mudar de público.
>
> O *Kinopravda* é projetado todos os dias em numerosos clubes de Moscou e do interior e alcança grande êxito. E se o público dos *nepman* [classe dos homens de negócio da Nova Política Econômica] prefere os dramas de "amor" e de "crime", isso não significa que nossas produções não valem nada. Isso quer dizer que quem não vale é o público.

[5] Alexandre Sumpf, *Révolutions russes au cinéma. Naissance d'une nation: URSS 1917-1985* (Paris, Armand Colin, 2015). Ver também François Albera, *Albatros: des russes à Paris* (Paris, Mazzota, 1998).

[6] Cf. Lev Manovich, *The Language of New Media* (Cambridge-MA, MIT Press, 2001).

Sigam, camaradas, se assim lhes parece, discutindo se o cinema é ou não é arte.

Sigam ignorando nossa existência e nosso trabalho. E afirmo uma vez mais:

O caminho do triunfo do cinema revolucionário foi encontrado.

Atravessa a cabeça dos atores de cinema e os tetos dos estúdios e entra na vida, na realidade presente de múltiplos dramas e de múltiplas histórias de detetives.[7]

Nesse manifesto, Vertov chama a atenção para a utilidade de sua forma revolucionária, e nele surge sua concepção do material cinematográfico livre da tradição burguesa, na medida em que os materiais devem partir do real, sem nenhum tipo de encenação, como se o público fosse instigado a ver os fatos e os documentos para fazer emergir uma nova relação com a realidade. A busca pela apreensão da vida cotidiana sem falsificações vai dar ensejo ao debate do "encenado" *versus* o "não encenado", em que surgem noções como material (Chklovski), fato em oposição à fábula (O. Brik), figuração e desfiguração (Tretiakov), a factografia, o arquivo, o documento (Eisenstein).

A preponderância do olho da máquina que tudo revela sem preconceito permite a dissolução da arte na vida. Esse louvor da máquina que encontramos em Vertov é sintoma de que, na Rússia, o culto da tecnologia possuía um evidente aspecto utópico. Em seu manifesto mais famoso, Vertov reafirma o combate ao sentimentalismo burguês:

NÓS declaramos que os velhos filmes romanceados e teatrais têm lepra.

— Afastem-se deles!

— Não os olhem!

— Perigo de morte!

— Contagiosos!

NÓS afirmamos que o futuro da arte cinematográfica é a negação do seu presente.[8]

Esse desejo de denunciar a ficção – vista como ilusionismo e historicamente superada – generaliza-se por diversos grupos, especialmente no círculo da Fábrica do Ator Excêntrico (FEKS) e na Frente de Esquerda das Artes (LEF). *Olho de*

[7] Dziga Vertov, "A importância dos cinejornais" [1924], em vários autores, *El cine sovietico de todos los tiempos (1924-1986)* (Valência, Filmoteca Generalitat Valenciana, 1988).

[8] Dziga Vertov, "Nós – variação do manifesto" [1922], em Ismail Xavier (org.), *A experiência do cinema* (Rio de Janeiro, Graal, 1983).

vidro, um filme realizado em 1927 por Lilia Brik e Vitali Jemtchujni representa muito bem essa denúncia do filme ficcional. Na primeira parte do filme, louva-se o poder da máquina que registra o mundo e seu inconsciente óptico, para usar aqui um termo da estética de Walter Benjamin. Na segunda parte, o aparato ilusionista do filme de ficção é explicitado (a falsidade da chuva produzida em estúdio, maquiadoras que desenham as lágrimas da heroína etc.).

A necessidade de romper com o passado e inaugurar uma forma para além do drama inspira as teorias de Lev Kulechov, por muitos considerado "o pai do cinema russo". Sua investigação pioneira sobre a montagem marcou profundamente as investigações de Pudóvkin e Eisenstein. *A garota da caixa de chapéu*, de Boris Barnet (1927), é um filme frequentemente tratado como menor diante dos clássicos, mas desenvolve um tipo de trabalho de interpretação distante do naturalismo e próximo do teatro satírico, muito influenciado pelo teatro construtivista que, por sua vez, era marcado pela geometria dos cenários e pelo tipo particular de jogo dos atores. Nesse sentido, uma sequência expressiva é aquela em que a garota do título faz ginástica e lava uma vitrine, certamente também uma referência ao cinema burlesco dos primeiros anos do cinema americano. O jogo dos atores inspira-se certamente nas propostas da FEKS, grupo vanguardista ligado ao teatro e ao cinema, dirigido por Grigori Kozintsev e Leonid Trauberg, que defendia um tipo de interpretação distante do realismo, chegando à caricatura. Em *A garota da caixa de chapéu*, Barnet acentua aspectos grotescos, salientando assim a composição de cada ator. A própria FEKS faz inúmeras intervenções no campo da realização cinematográfica, sendo *O capote* (1926), de Kozintsev e Trauberg, um bom exemplo das propostas do grupo que, inspirado em Gógol, segue de perto a estética do grotesco com uma encenação e interpretação nada naturalistas.

Outro grupo decisivo nesse contexto gravita em torno da revista *LEF*, organizada pelo poeta Maiakóvski, também muito interessado nos caminhos abertos pelo cinema. Reinterpretando o futurismo de um ponto de vista ideológico, a partir de 1923, o grupo ensaia reunir as forças de esquerda. Nas páginas da revista encontramos lado a lado os escritores Nicolai Tchujak e Serguei Tretiakov, os poetas Maiakóvski, Nikolai Asseev, os teóricos Óssip Brik e Boris Arvatov, assim como os cineastas Dziga Vertov e Serguei Eisenstein, que ali publicam seus primeiros manifestos. Espaço aberto aos experimentos entre imagem e palavra, ali também convivem designers, arquitetos, fotógrafos – Rodchenko participa diretamente da concepção da revista, de seu formato e sua forma. A revista tanto se abre aos escritores com posições mais temperadas (Isaac Bábel) como aos formalistas da envergadura de Viktor Chklovski. Dada a pluralidade, o grupo só encontra unidade em sua oposição radical a qualquer tentativa de "restauração" da arte, tomada aqui como sinônimo de arte burguesa. Um texto do artista gráfico Alexei Gan (companheiro de Esther Shub) não deixa dúvida quanto a essa recusa pela via do cinema:

> O cinema deve fixar diretamente os processos da vida social em sua dinâmica, sem recorrer à ajuda externa dos padres da arte arcaica [...]. Aprender a fixar a vida passa pelo domínio da natureza viva. Para captar o material ativo da vida é preciso que a natureza viva esteja associada ao trabalho. Ao recusar os serviços dos profissionais do que chamamos de artes da cena, é preciso ser consequente e manter longe das filmagens todo ator, encenador e decorador a uma distância de pelo menos um tiro de canhão.[9]

No lugar de proporcionar a contemplação, a estética revolucionária quer provocar o impacto, o choque no espectador, como vemos neste texto-manifesto de Kulechov:

> Do que se trata? Da cinematografia. Não de uma cinematografia psicológica barata fixada na ação teatral, mas de uma cinematografia rigorosa, dividida no tempo e no espaço segundo as regras. Uma cinematografia que fixa o material humano e real e organiza a atenção do espectador na projeção pela montagem.[10]

A condução da atenção espectatorial é uma chave de análise para descrever um dos elementos fundamentais desse cinema. Na Rússia dos anos 1920 e 1930, homens e mulheres pensam sobre o poder das imagens e sobre a possibilidade de, por meio delas, alterar o comportamento dos homens e seu modo de agir e refletir. E esse interesse pela mobilização do espectador não é exclusiva dos cineastas, mas também motiva os dirigentes empenhados na maximização da energia armazenada em cada filme. O caso de *Outubro*, de Serguei Eisenstein, ilustra bem esse interesse generalizado em trabalhar com a consciência do espectador, produzindo em sua mente, mas também em seu corpo, sensações

---

[9] Alexei Gan, "Viva a apresentação da vida!" [1922], citado em Pozner Valérie, "Joué versus non-joué: la notion de fait dans les débats cinématographiques des années 1920 en URSS", *Communications*, n. 79, 2006.

[10] Lev Kulechov, "L'Art, la vie contemporaine et le cinématographe" [1922], em Lev Kulechov, *L'Art du cinéma et autres écrits* (Lausanne, L'Âge d'Homme, 1994), p. 73.

estudadas cientificamente. Pesquisas recentes demonstram como o filme passou por testes rigorosos de recepção, em que espectadores eram submetidos a questionários no intuito de aperfeiçoar a forma do filme[11].

Eisenstein será, sem dúvida, o artista que mais longe levou essa atitude, desenvolvendo seu "cinema intelectual" para criar conceitos a partir da justaposição de imagens e sons. Em suas reflexões por um *Método de realização de um filme operário*, Eisenstein nos informa:

> Assim como as atrações do momento, sobre as quais não se deve especular em vista de sua atualidade, é preciso lembrar que a correta utilização ideológica das atrações neutras ou ocasionais é aceitável exclusivamente como procedimento destinado a provocar aqueles reflexos não condicionados, necessários, úteis do ponto de vista de classe, os quais desejamos associar a determinados objetos de nosso princípio social.[12]

Pontos de convergência

Como buscamos demonstrar até aqui, a premissa política fundamental da nova sociedade demandava questões formais urgentes: como representar, como narrar, que lugar definir para a figuração, o objeto, o tema, como inscrever um discurso político em uma representação narrativa, como o ator deve interpretar uma situação, qual o lugar do cenário etc.

Essas interrogações formais, que a princípio interessam a toda história do cinema, são tratadas em profundidade de maneira inédita.

Em uma sociedade que transformou radicalmente as relações de produção, que instaurou um regime proletário, como criar um tipo de representação que dê conta do novo estatuto icônico atingido pelo povo, povo que agora tem novo estatuto político? Podemos dizer que todos os filmes soviéticos do período de que estamos tratando trabalham essa questão de como representar esse novo estatuto do povo.

---

[11] Alexandre Sumpf, "Le public soviétique et *Octobre* d'Eisenstein: enquête sur une enquete", 1895, n. 42, 2004. Ver também o livro fundamental sobre *Outubro*: Marie-Claire Ropars Wuilleumier (com a colaboração de Michèle Lagny e Pierre Sorlin), *La Révolution figurée: film, histoire, politique* (Paris, Albatros, 1979). Apesar de publicado há quase quatro décadas, o livro continua a ser referência insubstituível. Outro estudo importante do cinema revolucionário soviético é realizado por Marc Ferro, para quem os filmes são tomados como documentos históricos ao guardarem elementos que não estão explicitados na superfície da obra. Cf. Marc Ferro, *Cinema e história* (Rio de Janeiro, Paz e Terra, 1992).

[12] Serguei Eisenstein, "Método de realização de um filme operário" [1925], em Ismail Xavier (org.). *A experiência do cinema*, cit.

Enquanto o cinema ocidental, desligado da transformação social, busca individualizar a massa, o cinema soviético vai se debruçar sobre a dimensão coletiva e sua figuração. O advento de um regime surgido da insurreição popular toma a questão da visibilidade da massa em novos termos, como vemos no já citado filme de Esther Shub, que reconstitui a sociedade dos Románov a partir da descrição das classes que a compunham. Assim como a representação política liberal e democrática burguesa determinou um modo de representação estético, os cineastas soviéticos buscam novos parâmetros políticos e icônicos – a recusa das imagens dominantes que transformam o povo em figura da vítima resignada ou do perigo caótico.

O cinema soviético foi nacionalizado em 1919, após sofrer severos problemas de ordem econômica. A guerra civil que se segue à revolução faz com que alguns produtores abandonem o país, o que engendra a ausência quase que total de materiais básicos como película, aparelhos técnicos etc. Os dirigentes bolcheviques trataram superficialmente o cinema, ainda que alguns tenham se voltado *en passant* para a nova arte. Há um texto de Leon Trótski que se tornou conhecido justamente por ser uma exceção, em que o líder político discorre sobre os papéis sociais da vodca, da religião e do cinema[13]. O próprio Lênin raramente aborda o cinema, limitando-se a destacar a produção de cinejornais (chamados de “crônica” em russo), que para ele tinha função exclusivamente pedagógica. Em 1922, ele sugere a reserva de espaço para a exibição de cinejornais, o que será um imenso estímulo para Vertov (desde 1919 engajado na produção desse gênero), criando em seguida um cinejornal mensal, o hoje célebre *Kinopravda*. É na feitura dessas atualidades que Vertov desenvolverá suas teorias sobre os cinemas encenado e não encenado, sendo o primeiro uma forma burguesa *par excellence*. Apesar do empenho formal e político de Vertov, o *Kinopravda* não será considerado pelos dirigentes políticos uma arma para o novo homem. Serão os próprios cineastas e teóricos empenhados na revolução os responsáveis pela definição de doutrinas políticas para o cinema. As controvérsias se multiplicam entre grupos rivais, personalidades, instituições, ganhando as páginas de jornais e revistas. É apenas em 1928 que o comissário de assuntos culturais, Anatol Lunacharski, elabora uma doutrina que será chamada, nos anos 1930, de “o cinema para milhões”, recusando assim tanto o cinema de vanguarda como o cinema de apelo comercial. Apesar disso, a transição da década de 1920 para a de 1930 não será tão abrupta como se supunha nos livros tradicionais de história do cinema. A diversidade formal e discursiva permanece ao longo de toda a década de 1930.

[13] O texto “A vodca, a igreja e o cinematógrafo” foi publicado originalmente no jornal *Pravda*, 12 jul. 1923, e republicado em *Les Questions du mode de vie* (Paris, Editions 10/18, 1976).

A atualidade do cinema revolucionário soviético está em sua constante investigação artística, que alia – em igual medida – o trabalho formal com a reflexão social. No lugar de uma estética cinematográfica metafísica, o que surge é uma doutrina que compreende a arte como meio, empenhada na organização da psique para os objetivos da luta de classes. Sem concessões formais ou políticas imediatistas, esse cinema coloca ainda hoje questões fundamentais para a história e a arte contemporâneas: a representação da coletividade ativa que transforma a própria história, a violência e o assassinato em massa, a fragmentação da percepção e a imagem como ciência.

A proximidade com as teorias teatrais – Meyerhold, por exemplo –, mas também com outros discursos sobre o corpo no contexto social revolucionário, faz com que a encenação moderna se faça presente nos filmes, que frequentemente trazem uma disposição em romper com a linearidade narrativa, justapondo elementos aparentemente díspares, mas que reforçam uma ideia-força. Essa concepção de montagem já aparece num filme como *A greve* (1924), de Serguei Eisenstein, em que um boi abatido é relacionado a um grupo de operários. No filme seguinte do diretor, *O encouraçado Potemkin* (1925), aparecem todos os recursos que tornarão célebre o cineasta, mas que marcam toda uma cinematografia: angulações singulares, largura dos planos, ritmo interno, duração. Tudo pelo empenho de afetar o espectador e incitá-lo à participação na produção de sentido da imagem. Essa avançada concepção mescla formas artísticas como o Kabuki, o ideograma, o desenho, o teatro, o circo.

O mesmo Eisenstein, além da prática artística, também desenvolveu ao longo de sua vida uma constante reflexão teórica sobre o cinema e sua relação com as artes em geral. Seus escritos surpreendem pela amplitude das abordagens (o cinema, as artes, o 3-D, a televisão) e pela vigência de seus conceitos (montagem de atração, cinema intelectual). Mais recentemente, começaram a ser divulgados, a partir de pesquisas em arquivos, cursos ministrados por Eisenstein em que se destaca a pedagogia como parte significativa de sua reflexão constante sobre a história do cinema[14]. A pedagogia era para ele uma necessidade orgânica e constituía uma parte importante de sua expressão.

O debate do cinema revolucionário trouxe à tona as formas tradicionais relegadas pela cultura burguesa.

---

[14] Cf. Serguei Eisenstein, *Notas para uma história geral do cinema*, organizado por Adilson Mendes e Lúcia Ramos Monteiro (Rio de Janeiro, Azougue, 2014). Vale destacar o capítulo "Elogio da cine-crônica", em que Eisenstein discute exclusivamente o contexto soviético dos anos 1920, argumentando seu ponto de vista contra o cinema "fato" defendido por seus opositores (Gan, Vertov, Arvatov, Brik, Tretiakov).

Esse rápido retrospecto nos permite agora destacar o impacto desse cinema revolucionário sobre a cultura brasileira, o único ponto verdadeiramente em que podemos dimensionar quanto a formalização radical de conceitos políticos pode servir de alento em um contexto de paralisia e regressão.

O cinema revolucionário visto no Brasil

Sempre que esse cinema foi debatido em profundidade no Brasil – leia-se: com a devida "tradução" de um conteúdo universal que precisa assumir uma forma particular em um contexto histórico – a cultura cinematográfica local saiu fortalecida e mais instigada para pensar a forma urgente de atualização necessária do presente. Ao menos foi assim nas décadas de 1920, 1930 e 1960. A recepção do cinema soviético revolucionário no Brasil sempre foi marcada pela unanimidade em torno de suas qualidades artísticas, isso ao menos até a proibição de seus filmes – especialmente *O encouraçado Potemkin* – após o golpe civil-militar de 1964.

A recepção dos filmes de Eisenstein no Brasil, por exemplo, sempre foi marcada pelo entusiasmo em relação aos filmes, independentemente das conotações ideológicas (dos filmes e dos críticos). E essa "neutralidade" já aparece na estreia de *O encouraçado Potemkin* em São Paulo (fevereiro de 1931), quando o poeta e crítico de cinema Guilherme de Almeida – crítico marcado pelo conservadorismo político, mas com legitimidade suficiente para tratar de cinema, então considerado uma arte menor – compara o filme à *Ilíada* e chama o cineasta (S. M. Eisenstein) de "Sua Majestade"[15]. Fato semelhante ocorre nas colunas de *O Fan*, periódico do Chaplin Club, o primeiro cineclube brasileiro, em que o cineasta comparece para fortalecer a defesa encarniçada do cinema mudo.

Octavio de Farias, o principal articulador do cineclube, declara-se apolítico, mas não deixa de exaltar o cinema soviético como exemplo a ser seguido pelo governo brasileiro, cujo investimento pode gerar nestas terras "um Eisenstein ou um Pudóvkin". Para ele, seguindo um texto de Pudóvkin em *Cinéa-ciné pour tous*, o cinema russo revela a força motriz da teoria da montagem: "Cada cena se relacionando com a seguinte pela ideia que evoca e exprimindo, por contraste, alguma coisa mais do que exprimiria por si só"[16].

O Fan acolhe o cinema soviético e publica um manifesto, supostamente assinado por Pudóvkin, Eisenstein e Vertov, verdadeiro "evangelho" em favor

[15] Guilherme de Almeida, "Potemkin", *O Estado de S. Paulo*, 5 fev. 1931.

[16] *O Fan*, Rio de Janeiro, n. 8, 1930, p. 10-14.

da arte muda, e noções como "cinema intelectual" e "cinema de atrações" são divulgadas pela primeira vez em terras brasileiras. Pudóvkin e Vertov merecem o mesmo destaque que cineastas europeus e americanos, e, simultaneamente, Octavio de Farias, ao comentar *Limite*, a obra-prima de Mário Peixoto, destaca:

> As fotografias de *Limite* são da natureza dessas que tornaram célebres os filmes russos. É só comparar e verificar – porque a confusão é possível e mais de um já as aceitou como de filmes russos.[17]

Não por acaso, quando decide escrever um artigo para explicitar a genialidade de *Limite*, Mário Peixoto toma emprestado o nome de Eisenstein e a terminologia utilizada nesse texto é inteiramente contrabandeada das páginas de *O Fan*[18].

Ainda na passagem da década de 1920 para a de 1930, quando o modernismo se radicaliza politicamente, Oswald de Andrade também sofre o impacto do contato com os filmes de Eisenstein. Muito ligado à experimentação artística e seduzido pela ideologia soviética – já stalinista –, Oswald escreveu a peça teatral *O homem e o cavalo*, que foi lida pela primeira vez pelo autor em 1935, na sede do Clube dos Artistas Modernos. O clube, dirigido por Flávio de Carvalho, foi palco para Caio Prado Jr. apresentar suas impressões da União Soviética (posteriormente transformadas em livro: *URSS: um novo mundo*, de 1934) e também serviu para Mário Pedrosa expor suas teses sobre a arte revolucionária a partir do trabalho de Kathe Köllwitz. A peça de Oswald, com montagem literária semelhante à de *O rei da vela* (que seria encenada apenas décadas depois de sua escrita), se passa em um espaço interplanetário, cuja ação se desenvolve ao longo de dois mil anos e o planeta Terra é comunista, enquanto Marte se destaca pelo reacionarismo, apesar de ter um poderoso partido comunista. Eisenstein ("o homem do cinema") é personagem de *O homem e o cavalo*, que surge para confirmar os avanços do mundo socialista:

> Eu vos apresento os documentos da transformação do mundo. A vitória encarniçada do proletariado na frente camponesa, na frente industrial. Nem bandeiras ao vento nem gritos nem canhões! Mas as cargas da cavalaria-vapor, na construção do socialismo! Interrogai a Terra. Concursos de galinhas poedeiras, estábulos cálidos, o trabalho cotidiano na neve primaveril ou no calor do verão!

[17] *O Fan*, Rio de Janeiro, n. 5, jun. 1929.

[18] Mário Peixoto, "Um filme da América do Sul", em Mário Peixoto, *Escritos sobre cinema* (Rio de Janeiro, Aeroplano/Arquivo Mário Peixoto, 2000).

Frame *do filme* A linha geral *(1928), de Sergei Eisenstein.*

O esterco fertilizante, os rebanhos, as máquinas agrícolas, tudo escriturado aumentando as estatísticas. Nem o incêndio da revolta nem a grande luta revolucionária, mas, depois da luta e da vitória, a vida cotidiana dos que trabalham e constroem um mundo melhor. A contabilidade, as usinas leiteiras, as grandes criações de aves, as incubadoras. Nem amor da pátria nem Deus nem a hipocrisia honesta. Mas os rebanhos que se organizam, os mapas da seleção de sementes, os diagramas do progresso. O trabalho diário e anônimo com o touro reprodutor e com o arado mecânico. É a frente pacífica que faz esquecer a frente de guerra. A história dos pioneiros da revolução agrícola. A floresta cai e recende. Edificamos. Na nossa gota de água se reflete o horizonte infinito da nova era social. Estações experimentais. Fazendas-modelos. Laboratórios, escolas. O operário-estudante, o camponês-estudante. A reprodução consciente e selecionada das espécies animais. O fim da magia. O trator. Inaugura-se por toda a terra coletivizada a época do vapor e da eletricidade. O patético da desnatadeira coletiva. Da desnatadeira ao reprodutor.

Deste ao arado mecânico a dez a cem, a milhares de arados mecânicos. Fazemos a industrialização.[19]

O impacto de *A linha geral* (1929), de Eisenstein, é sentido nessa passagem, assim como a junção grotesca de socialismo stalinista e experimentação artística. Essa mistura curiosa é fruto do desconhecimento do totalitarismo e é estimulada, por exemplo, pela publicação no Brasil de um livro como *Espírito e fisionomia do bolchevismo*. Publicado originalmente em 1925, o livro de René Fülöp-Miller reflete o clima pós-revolucionário de experimentação radical, mas sua tradução no Brasil (editada em 1935 pela Livraria do Globo) sugere a conexão entre arte moderna e stalinismo. Para além da crença na revolução socialista, o que se nota na peça de Oswald, porém, é a inspiração na obra do cineasta, a descontinuidade cênica, a justaposição de materiais diversos, a montagem cinematográfica que se coloca para a forma literária – elementos bem notados pela análise da peça feita por Haroldo de Campos[20]. O impacto da obra de Eisenstein sobre a primeira onda vanguardista no Brasil ainda precisa ser mais bem redimensionado, mas essas observações sumárias já permitem notar seu lugar na formulação de uma arte de exceção, na literatura e no cinema.

[19] Oswald de Andrade, *Obras completas*, v. 8 (Rio de Janeiro, Civilização Brasileira, 1973).

[20] Haroldo de Campos, "*Serafim*: um grande não-livro", em Oswald de Andrade, *Serafim Ponte Grande* (Rio de Janeiro, Globo, 2004).

Outro momento marcante da recepção do cinema revolucionário soviético no Brasil aparece no princípio da década de 1960, quando o campo cinematográfico já tinha sido constituído e estava prestes a sofrer as transformações radicais do Cinema Novo. Naquele momento de experimentação estético-social, pré-1964, a discussão em torno de uma arte de vanguarda tem endereço institucional definido: a Bienal de São Paulo. É com o debate nas artes plásticas em torno do abstracionismo que o tema da vanguarda retorna (autonomia da arte, relações com o mundo científico da técnica, arte e utopia, organização em grupos) e ultrapassa o campo específico, fundindo a atualidade estética máxima com a arte social.

Esse debate, que tem Mário Pedrosa como figura decisiva, coloca a questão da vanguarda no centro da reforma da instituição arte no país. As primeiras bienais, que se caracterizam como uma verdadeira *Aufhebung* do campo plástico brasileiro, retomam o debate da vanguarda, redimensionando-o para as condições novas do país dilacerado, mas em radical transformação social graças ao desenvolvimentismo dos anos JK[21]. E o cinema participa de forma significativa da tribuna principal do campo das artes plásticas, onde a vanguarda é exibida e discutida.

A VI Bienal, realizada em 1961, teve o empenho particular de Mário Pedrosa, que, buscando a autonomia do evento em relação a seu mecenas (Ciccillo Matarazzo), se encarregou da direção artística do acontecimento, o que gerou imensa expectativa no campo da arte. Pedrosa passou um ano inteiro viajando e se ocupando da Bienal. Conseguiu exibir diversas exposições de arte "primitiva" (uma história da caligrafia do Japão, a arte aborígine da Austrália, afrescos do santuário de Ajanta, Índia). O crítico de arte também viajou diversas vezes para a União Soviética a fim de conseguir emprestadas as grandes obras do suprematismo e do construtivismo da primeira fase da Revolução de 1917. Para Pedrosa, idealmente, essa grande retrospectiva da principal vanguarda histórica mundial faria um contraste produtivo com as volumosas coleções da arte "primitiva", compondo assim um conjunto de forte impacto para a arte do porvir, renovando referências e reconhecendo a vocação da utopia artística para a transformação do homem. Porém, e infelizmente, naufragou toda a negociação para trazer obras de Malevitch, Tatlin, Rodchenko, El Lissitzki, Gabo, Pevsner. E o passado trotskista de Pedrosa certamente deve ter contribuído para esse fracasso. De qualquer forma, a contraposição da arte antiga com a de vanguarda esteve bem representada na sala dedicada a Kurt Schwitters, que, segundo Pedrosa, era "o mestre dadaísta precursor das colagens modernas, das apropriações polimateristas e das *assemblages* atuais"[22].

---

[21] Otília Arantes, *Mário Pedrosa: itinerário crítico* (São Paulo, Cosac Naify, 2005).

[22] Mário Pedrosa, "A Bienal de cá pra lá", citado em Francisco Alambert e Polyana Canhête, *Bienais de São Paulo: da era do Museu à era dos curadores* (São Paulo, Boitempo, 2004).

"Composição com Mona Lisa" (1914), óleo sobre tela de Kazimir Malevich (ver página 13).

Nessa oposição dialética entre a arte "primitiva" e a arte de vanguarda residia o cerne da concepção de Pedrosa em torno de uma arte brasileira atualizada. Para servir de complemento a essa Bienal, a Cinemateca Brasileira – dirigida por Paulo Emilio Sales Gomes, um dos maiores entusiastas do cinema revolucionário no país – participou com uma grande mostra, múltipla e variada, da qual se destaca uma incrível retrospectiva do cinema russo e soviético (1908-1961), com filmes desconhecidos no Brasil como *Os pequenos diabos vermelhos* (1923), de Perestiani, *Rendas* (1928), de Iutkevitch, *A nova Babilônia* (1929), *A trilogia de Máximo* (1934-38), de Kozintsev e Trauberg, *Nos limites da cidade* (1933), de Barnet, *Ruínas do império* (1929), de Fridrikh Ermler, sem falar no famoso quarteto Eisenstein, Pudóvkin, Dovjenko, Kulechov. A retrospectiva do cinema soviético teve ainda uma mesa-redonda sobre *Outubro*, da qual participaram Mário Pedrosa e Paulo Emilio[23].

Na mesma ocasião, outras mostras ganharam igual relevo, como a retrospectiva de curtas-metragens franceses (*Les mistons*, 1957, o primeiro filme de François Truffaut; *La première nuit*, 1958, de Georges Franju, *O canto do estireno*, 1958, de Alain Resnais) e brasileiros (*Arraial do Cabo*, 1959, de Paulo Cesar Saraceni e Mário Carneiro; *Aruanda*, 1960, de Linduarte Noronha; *Igreja*, 1960, de Silvio Robato; e *Desenho abstrato*, 1957-1960, de Roberto Miller). O prestígio do lugar, o alto nível do debate crítico, a conexão entre filmes diversos, a organização e a exibição simultânea dizem muito sobre o debate da vanguarda e sua passagem pelo campo das artes plásticas. Os curtas franceses representavam os primeiros trabalhos de renovação do cinema francês. Da parte brasileira, *Arraial do Cabo* aparecia como carro-chefe do Cinema Novo.

Não deixa de ser significativa a ênfase de Paulo Emilio num "paralelo inútil" entre o cinema soviético e o novíssimo cinema brasileiro, feito, por exemplo, por um Joaquim Pedro de Andrade[24]. Para o crítico, o entusiasmo da época traduzia-se no desejo desses jovens em construir no Brasil um cinema atualizado com os novos rumos do cinema mundial. O exemplo do cinema soviético é oportuno para a defesa de um cinema empenhado, com penetração na experiência social, que se daria a partir da entrega sem pretensões imediatas e redentoras.

---

[23] Há na Cinemateca Brasileira vestígios sonoros desse debate.

[24] Paulo Emilio Salles Gomes, "Paralelo inútil", *Suplemento Literário d'O Estado de S. Paulo*, 9 dez. 1961.

As aproximações entre o cinema soviético da era de ouro da Revolução e o cinema aspirado pelos jovens brasileiros são variadas: o otimismo social, a organização em grupos, a ruptura com a tradição, a mobilidade da sociedade que permite o desenvolvimento pleno de vocações, independente das formações tradicionais (um engenheiro – Eisenstein – ou um físico – Joaquim Pedro – que viram cineastas). Esse paralelo, bastante útil, permite que se compreenda melhor a formação do Cinema Novo e a retomada do debate sobre a vanguarda, que aparece sobretudo na crítica de Mário Pedrosa e repercute nas obras de Ivan Serpa, Milton Dacosta, Lygia Clark, Abraham Palatnik, Almir Mavignier. A VI Bienal é a síntese dessa concepção vanguardista da arte moderna elaborada por Pedrosa, e certamente, não é por acaso que o cinema brasileiro contemporâneo participa dela de forma significativa, ao lado do cinema soviético e do cinema francês contemporâneo[25].

Paulo Emilio e Glauber Rocha concordam que a VI Bienal foi o palco necessário para a eclosão do Cinema Novo. E não deixa de ser significativa a presença do cinema revolucionário como referência para os jovens realizadores. *Mutatis mutandis*, Eisenstein ocupa no Cinema Novo o lugar que Rossellini ocupou na Nouvelle Vague. As marcas do cineasta russo aparecem ao longo do trabalho cinematográfico e crítico de Glauber Rocha, mas também em Leon Hirszman, cujo primeiro filme, *Pedreira de São Diogo*, inspira-se declaradamente nas teorias do cineasta traduzidas por Jay Leyda. Ruy Guerra também teve acesso aos livros de Eisenstein, e sua montagem de *Os fuzis*, elaborada por meses a fio na mesma moviola em que fora montado *Deus e o Diabo na Terra do Sol*, expressa a apropriação pelo Cinema Novo das propostas do cinema revolucionário soviético[26]. *Arraial do Cabo*, de Paulo César Saraceni e Mário Carneiro, também possui a marca de um cinema intelectual de exceção. Esses momentos, colhidos sem critérios objetivos, apenas servem para evidenciar as vantagens de uma retomada em profundidade do legado do cinema revolucionário e suas consequências positivas para a cultura brasileira. A presente evocação fornece subsídios históricos para o aprofundamento da dimensão política e suas implicações formais no cinema que se faz no Brasil num momento em que o Estado brasileiro investe como nunca na desmobilização política da sociedade. Contra a produção banalizada do esquecimento e em favor de um cinema sem concessões, o cinema revolucionário soviético ainda é fonte inesgotável de aprendizado e reflexão.

[25] A mostra de filmes brasileiros e suas mesas de debate foram elaboradas por Jean-Claude Bernardet, Maurice Capovilla e Rudá de Andrade.

[26] Ruy Guerra, em entrevista concedida ao autor deste artigo (21 jul. 2017), informa a presença fundamental da montagem intelectual na concepção de *Os fuzis* (1963).

OS TRABALHADORES
CARLOS PRESTES
O CENTRO DE ESTUDOS SOCIALISTAS
SAÚDA PRESTES
PETROPOLIS

Comício organizado pelo PCB no estádio de São Januário, no Rio de Janeiro, em 23 de maio de 1945, reuniu 100 mil pessoas para ouvir discurso de Luiz Carlos Prestes.

A Revolução Russa e a fundação do Partido Comunista no Brasil

Anita Leocadia Prestes

Segundo Eric Hobsbawm, "a Revolução de Outubro produziu de longe o mais formidável movimento revolucionário organizado da história moderna", pois teve "repercussões muito mais profundas e globais" que a Revolução Francesa de 1789. Se as ideias desta última "duraram mais que o bolchevismo, as consequências práticas de 1917 foram muito maiores e mais duradouras que as de 1789". O historiador inglês destaca que

> apenas trinta ou quarenta anos após a chegada de Lênin à Estação Finlândia em Petrogrado, um terço da humanidade se achava vivendo sob regimes diretamente derivados dos *Dez dias que abalaram o mundo* (Reed, 1919) e do modelo organizacional de Lênin, o Partido Comunista. A maioria seguiu a URSS na segunda onda de revoluções surgida da segunda fase da longa guerra mundial de 1914-1945.[1]

A partir de outubro de 1917, uma onda de revoluções espalhou-se por grande parte do planeta; "em suma, a Revolução de Outubro foi universalmente reconhecida como um acontecimento que abalou o mundo" e "os acontecimentos na Rússia inspiraram não só revolucionários, porém, mais importante, revoluções", como foi o caso da Revolução Alemã em 1918[2]. Ainda que a revolução mundial, na qual apostaram Lênin e os bolcheviques, não se tenha concretizado, até o início da década de 1920 alimentavam-se esperanças na sua realização, e a história do século XX, como afirma

---

[1] Eric Hobsbawm, *Era dos extremos: o breve século XX: 1914-1991* (São Paulo, Companhia das Letras, 1995), p. 62; o autor cita John Reed, *Ten Days that Shook the World* (Nova York, 1919) [ed. bras.: *Dez dias que abalaram o mundo*, São Paulo, Penguin Companhia, 2010].

[2] Eric Hobsbawm, *Era dos extremos*, cit., p. 71-3.

Hobsbawm, "não pode ser entendida sem a Revolução Russa e seus efeitos diretos e indiretos"[3].

A América Latina e o Brasil, em particular, não deixariam de ser atingidos pelas repercussões desse grande acontecimento mundial. No Brasil, desde o início do século XX, o movimento operário estava sob a influência de correntes anarquistas – a mais importante das quais era o anarcossindicalismo. Sob a direção de suas lideranças, em várias das maiores cidades brasileiras os sindicatos operários mobilizaram-se contra as condições de trabalho impostas aos trabalhadores pelos patrões e realizaram grandes greves, promoveram assembleias de trabalhadores e organizaram congressos operários, criando entidades como federações e confederações representativas dos seus anseios.

A imprensa operária desempenhou papel significativo na divulgação das ideias das lideranças anarcossindicalistas e na luta pelos interesses dos trabalhadores. Os sindicatos dirigidos pelos anarcossindicalistas destacaram-se na organização de atos públicos dedicados à data de 1º de Maio – dia mundial de luta dos trabalhadores, ocasião em que, a partir do sacrifício dos mártires de Chicago em 1886, eram cultivadas as tradições internacionalistas do movimento operário mundial.

A partir de 1915, após a deflagração da Primeira Guerra Mundial, o movimento operário no Brasil mobilizou-se na luta contra a guerra e pela paz. Ao se opor à guerra e à invocação do patriotismo "para combater as lutas burguesas", a imprensa anarquista afirmava: "não temos pátria, porque não temos direito à vida na sociedade"[4]. "Delegados de organizações sindicais e de representantes de jornais operários, em assembleia realizada no dia 26 de março de 1915, criaram uma Comissão Popular de Agitação contra a Guerra."[5] No mesmo ano, foi organizado um Congresso de Paz, que, nas palavras de Astrojildo Pereira[6], apesar de suas "enormes debilidades de organização e orientação", "marcou, com incontestável relevo, uma posição decidida de luta contra a guerra imperialista e em defesa da paz e da liberdade"[7]. Outras manifestações tiveram lugar em diversos pontos

[3] Ibidem, p. 89.

[4] *O Cosmopolita*, n. 2, 20 nov. 1916, p. 1, citado em Fabiana Ruggeri Marchon, *A discussão acerca da Revolução Russa nos jornais anarquistas do Rio de Janeiro e sua relação com a fundação do Partido Comunista do Brasil de 1919* (Trabalho de Conclusão de Curso de Bacharel em História, Rio de Janeiro, UFRJ, 2006), p. 13.

[5] Moniz Bandeira, Clovis Melo e A. T. Andrade, *O ano vermelho: a Revolução Russa e seus reflexos no Brasil* (Rio de Janeiro, Civilização Brasileira, 1967), p. 37.

[6] Astrojildo Pereira, destacada liderança anarcossindicalista, que, em 1922, fundou o Partido Comunista do Brasil (PCB).

[7] Moniz Bandeira, Clovis Melo e A. T. Andrade, *O ano vermelho*, cit., p. 38.

do Brasil, registrando o repúdio à guerra e a defesa da paz mundial por parte do movimento operário no Brasil liderado pelos sindicatos anarcossindicalistas[8].

Os anos 1917 a 1920 registraram, no Brasil, o ascenso das lutas operárias sob a direção dessas lideranças. Dois momentos foram marcantes nesse sentido: a greve de 1917 em São Paulo[9] e a insurreição de novembro de 1918 no Rio de Janeiro[10], sufocada com violência logo de início devido à ação de agente policial infiltrado.

Segundo Carlos Augusto Addor, pesquisador dessa insurreição, tratou-se da primeira tentativa organizada empreendida por setores do movimento operário no Brasil de realizar a *revolução social* almejada pelos anarquistas[11]. Da mesma forma, John W. F. Dulles destaca que as lideranças do movimento estavam dispostas a repetir os acontecimentos russos, pois acreditavam que a *revolução social* iniciada na Rússia se expandiria pelo mundo de maneira inevitável[12]. Inegavelmente, a Revolução Russa repercutira junto ao movimento operário brasileiro. A obra *O ano vermelho*[13], publicada por ocasião do 50º aniversário da Revolução Russa, é reveladora, pois apresenta uma seleção cuidadosa de documentos da época e, em particular, da imprensa anarquista daqueles anos.

O primeiro número do ano de 1918 do jornal anarquista *O Cosmopolita* registrava:

> Em 1917 estalou, prenhe de ansiadas esperanças, a soberba Revolução Russa, que viu abrir aos povos a porta em flama das reivindicações integrais. E assim, magnífico, surge este 1918, trazendo em si as mais belas e túmidas promessas de realizações emancipadoras. Aos pioneiros da nova era, aos batalhadores da ideia em marcha, o amplexo comovido nosso, neste dealbar maravilhoso da Anarquia![14]

Um mês depois, o mesmo jornal publicou artigo de Astrojildo Pereira intitulado "Apelo aos anarquistas", em que afirmava:

[8] Ibidem, p. 38-40; Fabiana Ruggeri Marchon, *A discussão acerca da Revolução Russa...*, cit., p. 13-4.

[9] Moniz Bandeira, Clovis Melo e A. T. Andrade, *O ano vermelho*, cit., p. 50-64.

[10] Ibidem, p. 122-47; Carlos Augusto Addor, *A insurreição anarquista no Rio de Janeiro* (Rio de Janeiro, Dois Pontos,1986); Fabiana Ruggeri Marchon, *A discussão acerca da Revolução Russa...*, cit., p. 31-2.

[11] Carlos Augusto Addor, *A insurreição anarquista no Rio de Janeiro*, cit.

[12] John W. Foster Dulles, *Anarquistas e comunistas no Brasil (1900-1920)* (Rio de Janeiro, Nova Fronteira, 1977), p. 66.

[13] Moniz Bandeira, Clovis Melo e A. T. Andrade, *O ano vermelho*, cit.

[14] *O Cosmopolita*, n. 24, 1º jan. 1918, p. 1, citado em Fabiana Ruggeri Marchon, *A discussão acerca da Revolução Russa...*, cit., p. 25.

A revolução bate-nos à porta e é nosso dever [...] pormo-nos de guarda, atilados e prontos ao que der e vier [...]. E alguém haverá ainda, de olhos tão fechados, que não veja o que vai pelo mundo? ... A não falar da Revolução Russa [...].[15]

A seguir Astrojildo Pereira caracterizava a Revolução Russa:

[...] fundamentalmente econômica na sua origem e nos seus fins, acentuadamente libertária nos seus meios e processos e na sua direção – [...] que veio ensinar aos revolucionários, aos povos de todas as nações, a única fórmula moderna de eficácia destrutiva [...] capaz de realmente operar uma transformação social profunda.[16]

Segundo a visão dos dirigentes anarcossindicalistas brasileiros, a Revolução Russa era anticapitalista do ponto de vista econômico e *libertária* do ponto de vista dos meios empregados, enquadrando-se, portanto, nos marcos das concepções anarquistas contrárias à luta política e à conquista do poder político pelos trabalhadores. De acordo com essa visão, então professada por Astrojildo Pereira, na Rússia fora seguido "um programa anárquico, que sintetizava velhas aspirações populares"[17].

Em março de 1919, dirigentes anarquistas como Astrojildo Pereira e José Oiticica fundaram na capital da República um partido denominado Partido Comunista do Brasil, em cuja primeira circular destinada às organizações operárias de todo o Brasil dizia-se:

Diante do entusiasmo que reina nas classes trabalhadoras e no povo em geral pelos movimentos que se desenrolam no mundo tendentes a uma transformação social e amplamente baseados nas ideias comunistas, os libertários do Rio de Janeiro [...] acordaram fundar o Partido Comunista do Brasil.[18]

[15] *O Cosmopolita*, n. 26, 1º fev. 1918, p. 2, citado em Fabiana Ruggeri Marchon, *A discussão acerca da Revolução Russa...*, cit., p. 25.

[16] Idem.

[17] *O Cosmopolita*, n. 29, 25 mar. 1918, p. 1, citado em Fabiana Ruggeri Marchon, *A discussão acerca da Revolução Russa...*, cit., p. 26.

[18] *A Plebe*, ano II, n. 8, 12 abr. 1919, p. 3, citado em Fabiana Ruggeri Marchon, *A discussão acerca da Revolução Russa...*, cit., p. 32.

Fundadores do PCB. De pé, da esquerda para a direita: Manoel Cendón, Joaquim Barbosa, Astrojildo Pereira, João da Costa Pimenta, Luiz Péres e José Elias da Silva. Sentados, Hermogênio Silva, Abílio de Nequete e Cristiano Cordeiro.

Verificamos que, para os fundadores desse partido, o reconhecimento das ideias comunistas como diretriz do processo revolucionário na Rússia não contradizia suas convicções libertárias, ou seja, anarquistas. A pesquisadora Fabiana Ruggeri Marchon destaca que, de acordo com os dirigentes desse PCB, o partido comunista russo é o responsável pelas transformações sociais que os anarcossindicalistas almejam. Portanto, "nada mais justo do que seguir os passos russos e fundar um partido comunista", acrescentando que "fica explícita a influência que a Revolução Russa exerce sobre a movimentação operária"[19].

Embora o recém-criado PCB adotasse um discurso permeado de declarações de adesão ao comunismo, sua atuação continuava a seguir os princípios anarcossindicalistas, como a recusa da luta pelo poder político e a defesa da extinção imediata do Estado. Fabiana R. Marchon assinala que, "naquele momento, não havia base teórica para compreender que a Revolução Russa e a sua direção, o Partido Comunista russo, estavam baseados no marxismo e não no anarquismo, como imaginavam os militantes brasileiros"[20]. Anos mais tarde, Astrojildo Pereira destacou que se tratava de

> uma organização tipicamente anarquista e a sua denominação de "Partido Comunista" era um puro reflexo, nos meios operários brasileiros, da poderosa influência exercida pela Revolução proletária triunfante na Rússia, que se sabia dirigida pelos comunistas daquele país. O que não se sabia ao certo é que os comunistas que se achavam à frente da Revolução Russa eram marxistas e não anarquistas. Só mais tarde estas diferenças se esclareceram, produzindo-se então a ruptura entre os anarquistas ditos "puros" e "intransigentes", que passaram a fazer críticas e restrições aos comunistas russos, chegando por fim à luta aberta contra o Estado soviético, e os anarquistas que permaneciam fiéis à classe operária, os quais chegariam finalmente a compreender que no marxismo é que se encontra a definição teórica justa de ideologia do proletariado.[21]

---

[19] Fabiana Ruggeri Marchon, *A discussão acerca da Revolução Russa...*, cit., p. 33.

[20] Ibidem, p. 36.

[21] Astrojildo Pereira, *A formação do PCB (1922-1928)* (Rio de Janeiro, Vitória, 1962), p. 43-4.

O novo partido desenvolveu intensa atividade, cabendo destacar a organização das manifestações do Primeiro de Maio de 1919, considerado por John W. F. Dulles "o Primeiro de Maio mais brilhante do Brasil"[22]. O jornal *A Razão* estimou em cerca de 60 mil pessoas o número de presentes no comício-monstro realizado na praça Mauá, no Rio de Janeiro[23]. O ano de 1919 foi marcado pela crise do primeiro pós-guerra e por nova onda de greves operárias, assim como por grandes lutas, contra as quais a repressão policial era cada vez mais violenta.

A partir da virada dos anos 1920, com a brutal repressão desencadeada contra os trabalhadores e suas entidades pelas classes dominantes, representadas pelas autoridades governamentais, empenhadas em impedir a reorganização do movimento operário, este ingressou num período de sério e duradouro descenso. Ao mesmo tempo, contribuiu para tal retrocesso a crise deflagrada no interior dos setores anarcossindicalistas, para os quais começara a se evidenciar a verdadeira face da Revolução Russa – uma revolução guiada pelas concepções marxistas, opostas, portanto, às dos teóricos do anarquismo como Bakúnin e Kropótkin. Como escreveu Astrojildo Pereira, os anarquistas "que permaneceram fiéis à classe operária" e compreenderam que o marxismo era "a definição teórica justa da ideologia do proletariado" foram os que "viriam a fundar, em 1922, o verdadeiro Partido Comunista do Brasil"[24].

O PCB foi fundado em março de 1922, ocasião em que realizou seu I Congresso, com a presença de nove delegados, representando um total de 73 membros em todo o país[25]. Sua debilidade revelava-se não só no restrito número de militantes como na sua inconsistência ideológica e política. O atraso cultural do Brasil, proveniente em grande medida do processo de sua formação histórica – império escravocrata até o final do século XIX, em que os proprietários de escravos e de terras puderam derrotar todas as tentativas de insurgência popular e impedir o avanço de qualquer tipo de organização dos setores populares –, constituiu forte empecilho ao surgimento de um movimento operário sob a égide das ideias socialistas, marxistas e revolucionárias.

Em países vizinhos do Brasil, como a Argentina e o Chile, já no final do século XIX havia partidos socialistas, que, apesar de influenciados pelas tendências reformistas que vieram a predominar no movimento socialista europeu da época, contribuíram para a organização do movimento operário em seus

[22] John W. Foster Dulles, *Anarquistas e comunistas no Brasil (1900-1920)*, cit., p. 71.

[23] Moniz Bandeira, Clovis Melo e A. T. Andrade, *O ano vermelho*, cit., p. 182.

[24] Astrojildo Pereira, *A formação do PCB*..., cit., p. 43-4.

[25] Ibidem, p. 46.

países e para a difusão do pensamento marxista, ainda que em grande medida marcado pelo reformismo de Eduard Bernstein. Deve-se destacar o prestígio do Partido Social-Democrata alemão, cujos êxitos na luta parlamentar não podem deixar de ser registrados. Tal influência repercutiria também no Brasil, com a criação de alguns partidos socialistas, cuja existência, entretanto, jamais conseguiu se consolidar. Na época inexistiam no país condições para os trabalhadores conquistarem algum sucesso através da luta parlamentar, pois o Congresso Nacional, amplamente controlado pelas oligarquias agrárias que dirigiam a nação com mão de ferro, mostrava-se insensível a qualquer pressão advinda do movimento operário.

Por essa razão, o sindicalismo no Brasil avançaria sob a influência de trabalhadores que vieram do sul da Europa e imigraram principalmente para São Paulo, mas também para o Rio de Janeiro e outros pontos do país. Entre eles destacavam-se os adeptos das correntes anarquistas, seguidoras das teorias de Bakúnin, Kropótkin, Proudhon e outros teóricos que disputavam com os seguidores de Marx a liderança do movimento operário no continente europeu. No Brasil, sua proposta de conduzir a luta dos trabalhadores através dos sindicatos, organizando greves e visando à chamada "ação direta", sem recorrer a partidos políticos e condenando a luta pelo poder político e a conquista do Estado, diferenciava-os claramente das correntes defensoras das ideias de Marx. Mas, por outro lado, essa orientação conseguiu atrair setores consideráveis do operariado, infensos aos apelos das lideranças de partidos socialistas, que tiveram presença limitada no cenário nacional.

A debilidade ideológica e política do PCB criado em 1922 ficou evidente desde sua fundação. Seu I Congresso sequer discutiu um programa para a nova entidade, limitando-se a aprovar as 21 condições de admissão na Terceira Internacional ou Internacional Comunista (IC), criada em 1919 por Lênin, em oposição à Segunda Internacional, cujas lideranças tinham aderido ao reformismo e apoiado os seus governos burgueses durante a Primeira Guerra Mundial. A preocupação principal dos delegados do I Congresso do PCB foi obter sua admissão na IC e, ao mesmo tempo, participar do movimento de socorro aos flagelados do Volga, que atravessavam grandes dificuldades na União Soviética com a seca que assolava a região[26]. Como foi assinalado por Astrojildo Pereira, "o movimento operário brasileiro não possuía nenhuma tradição marxista, razão, se não decisiva, pelo menos explicável, das insuficiências teóricas da direção do Partido"[27].

[26] Ibidem, p. 46-7.

[27] Ibidem, p. 59.

Em 1925 realizou-se o II Congresso do PCB, ocasião em que, pela primeira vez, os comunistas discutiram e aprovaram teses sobre a situação política nacional, baseadas na "concepção dualista 'agrarismo-industrialismo', dominante na direção do Partido", segundo Astrojildo Pereira, seu secretário-geral e liderança mais destacada do PCB na época[28]. Tais teses inspiravam-se no livro *Agrarismo e industrialismo*, recém-publicado por Octávio Brandão, outro dirigente destacado do Partido[29]. Anos mais tarde, Astrojildo reconheceria que se tratava da "primeira tentativa feita no Brasil de análise marxista da situação nacional"[30]. "Falava-se aí em luta entre o capitalismo agrário semifeudal e o capitalismo industrial moderno, como sendo a contradição fundamental da sociedade brasileira após a República."[31] Dando prosseguimento à sua análise sucinta, mas consistente, Astrojildo registrava:

> Partindo de tais concepções que resultavam de uma aplicação mecânica e arbitrária do método dialético na análise da situação brasileira, os movimentos que desembocaram no 5 de julho de 22 e no 5 de julho de 24 são simplesmente enquadrados no esquema "agrarismo-industrialismo", e dentro desse enquadramento isolados do contexto vivo da situação política.[32]

A partir da análise da economia brasileira feita por Octávio Brandão, no referido livro chegava-se à conclusão, que também foi incluída nas teses do II Congresso do PCB, de que o imperialismo inglês apoiaria o agrarismo e o imperialismo americano, o industrialismo[33]. Fazia-se uma tentativa de análise das classes da sociedade brasileira, cuja consequência para o PCB era tentar se aproximar das lideranças tenentistas – expressão da "pequena burguesia revolucionária" – e se preparar para a chamada "terceira revolta tenentista", buscando alcançar a hegemonia do proletariado, do qual o partido pretendia ser a vanguarda, na luta

[28] Ibidem, p. 66.

[29] Octávio Brandão, *Agrarismo e industrialismo: ensaio marxista-leninista sobre a revolta de São Paulo e a guerra de classes no Brasil – 1924* (2. ed., São Paulo, Anita Garibaldi, 2006).

[30] Astrojildo Pereira, "Pensadores, críticos e ensaístas", em Rubens Borba de Morais e William Berrien (orgs.), *Manual bibliográfico de estudos brasileiros* (Rio de Janeiro, Gráfica Editora Souza, 1949), p. 656, citado em John W. Foster Dulles, *Anarquistas e comunistas no Brasil*, cit., p. 222 e 248 (nota 3).

[31] Astrojildo Pereira, *A formação do PCB...*, cit., p. 66.

[32] Idem.

[33] Astrojildo Pereira, *A formação do PCB...*, cit., p. 68.

contra a "oligarquia agrária entrançada com a oligarquia financeira"[34]. Hoje podemos observar que, não obstante a visão mecanicista da análise da realidade nacional então realizada pelo PCB, reflexo da indigência teórica do pensamento marxista no Brasil da época, era justa a tentativa de alcançar uma aliança com os líderes tenentistas e, em particular, com Luiz Carlos Prestes, uma vez que, durante os anos 1920, o tenentismo desempenhou papel de liderança das forças de oposição ao poder das oligarquias agrárias que governavam o país[35].

Nos anos 1920, o pequeno PCB enfrentou, por um lado, a repressão dos governos oligárquicos, que o levou a se manter na clandestinidade durante a maior parte do tempo, e, por outro lado, o embate com os anarcossindicalistas, entre os quais se destacava o professor José Oiticica. Embora essa corrente estivesse em declínio no meio operário sindical brasileiro, no plano internacional travou luta persistente contra o Estado soviético e a experiência soviética e, no plano nacional, contra os comunistas e o PCB, que combateu com coragem e muita audácia seus inimigos e alcançou êxitos importantes, como a criação do Bloco Operário e do Bloco Operário Camponês no final da década, chegando a eleger Octávio Brandão e Minervino de Oliveira – lideranças combativas pelos interesses dos trabalhadores – intendentes municipais na capital da República[36].

Mas as insuficiências teóricas e políticas da direção do PCB contribuíram para que o partido não tivesse condições de resistir à imposição das diretrizes dogmáticas e sectárias aprovadas no VI Congresso da IC, realizado em 1928, e confirmadas na Primeira Conferência dos Partidos Comunistas da América Latina, que teve lugar em meados de 1929 em Buenos Aires. Se no III Congresso do PCB, realizado nos últimos dias de 1928 e nos primeiros dias de 1929, ainda prevalecera a orientação de buscar alianças com os "tenentes", empenhando-se ao mesmo tempo pela conquista da hegemonia do proletariado na luta contra o poder oligárquico aliado de setores principalmente do imperialismo inglês[37], no III Pleno do Comitê Central do PCB, realizado em outubro de 1929, a direção do PCB capitulou diante das determinações da IC, adotando a política obreirista de "classe contra classe"[38] e rejeitando qualquer tentativa de aliança com

[34] Idem; Octávio Brandão, *Agrarismo e industrialismo*, cit.

[35] Anita Leocadia Prestes, *A Coluna Prestes* (São Paulo, Paz e Terra, 1997).

[36] Astrojildo Pereira, *A formação do PCB...*, cit., p. 85-104.

[37] Ibidem, p. 119.

[38] Milos Hajek, "La táctica de la lucha de 'clase contra clase' en el VI Congreso", *VI Congreso de la Internacional Comunista: 1ª parte, tesis, manifiestos e resoluciones* (México, Pasado y Presente [Cuadernos de Pasado y Presente, n. 66], 1977), p. 7-83.

setores burgueses ou pequeno-burgueses. Segundo o modelo aprovado pela IC para os países ditos "coloniais e semicoloniais", entre os quais o Brasil estaria incluído, passava-se a considerar que existiria uma "situação revolucionária" no país e a política dos comunistas deveria ser a preparação imediata da etapa *democrático-burguesa* da revolução, caracterizada como agrária e anti-imperialista, com o estabelecimento de um "governo operário e camponês, baseado nos sovietes, isto é, nos Conselhos de Operários e Camponeses, Soldados e Marinheiros"[39]. Tratava-se de orientação estreita e desligada da realidade brasileira, que levou o PCB ao isolamento político e a sucessivas derrotas.

O desconhecimento da realidade brasileira, aliado à débil assimilação da teoria marxista por parte dos dirigentes comunistas – em grande medida reflexo do atraso cultural do país –, tinha como consequência a cópia de modelos, e naquele período o único modelo existente era o da Revolução Russa, cuja inegável repercussão provocava nos revolucionários o anseio de repetir essa experiência. Astrojildo Pereira reconheceria mais tarde:

> Não compreendíamos sequer o sentido exato da verdade segundo a qual sem teoria revolucionária não pode haver ação revolucionária. Teoria revolucionária significava, para nós, aplicar – mecanicamente, livrescamente – a linha política e experiência revolucionária de outros povos.[40]

O PCB, seguindo a orientação do VI Congresso da IC, ao aplicar mecanicamente à realidade brasileira os ensinamentos provenientes do modelo da Revolução Russa, partia da assimilação dogmática das concepções leninistas sobre a Rússia tsarista e o caráter da revolução naquele país. Em texto que publiquei em 1980, adverti que teses levantadas por V. I. Lênin ao analisar a Rússia do início do século XX foram transpostas acriticamente para a realidade latino-americana e, em particular, para a brasileira, existente nas décadas de 1920-1930[41]. O líder da Revolução Russa escrevia que

[39] Edgard Carone, *O P.C.B. (1922-1943)*, v. I (São Paulo, Difel, 1982), p. 70-102; Anita Leocadia Prestes, *Luiz Carlos Prestes e Aliança Nacional Libertadora: os caminhos da luta antifascista no Brasil (1934/35)* (Petrópolis, Vozes, 1997), p. 43-46.

[40] Astrojildo Pereira, *A formação do PCB*..., cit., p. 140.

[41] Anita Leocadia Prestes, "A que herança os comunistas devem renunciar?", *Oitenta*, Porto Alegre, L&PM, n. 4, 1980, p. 197-223.

em países tais como a Rússia, a classe operária sofre menos em consequência do capitalismo do que pela insuficiência de desenvolvimento desse último. Por isso, a classe operária está absolutamente interessada no mais vasto, mais livre, mais rápido desenvolvimento do capitalismo. [...] A revolução burguesa é, exatamente, a revolução que mais decididamente varre os restos do que é antiquado, as reminiscências do feudalismo [...] e garante, de modo mais completo, o desenvolvimento mais amplo, mais livre, mais rápido do capitalismo.[42]

Ao mesmo tempo, Lênin mostrava que nas condições da Rússia, na época do imperialismo, a burguesia só seria a favor da revolução de uma "forma inconsequente, interesseira e covarde"[43]. A única classe capaz de levar a revolução burguesa até o fim era o proletariado em aliança com os camponeses. Essa era a razão do caráter *democrático-burguês* da revolução e da necessidade de o proletariado alcançar a hegemonia no processo revolucionário para assegurar seu prosseguimento rumo à revolução socialista.

No caso brasileiro, ao não se dispor, naqueles anos, de pesquisas voltadas para a realidade nacional, tornava-se difícil a análise concreta do processo de desenvolvimento capitalista no país. A cópia das teses de Lênin para uma situação inteiramente distinta induziu o PCB a identificar um suposto feudalismo no campo, que, junto com o imperialismo, desempenharia o papel de entrave ao capitalismo. Enquanto, na realidade, o capitalismo encontrava novas formas de progredir nas condições de dependência do imperialismo e de manutenção de determinados tipos de relações de produção não capitalistas[44], os comunistas consideravam que seria necessário realizar a revolução agrária e anti-imperialista – a forma específica no Brasil da *revolução democrático-burguesa*, sob a hegemonia da classe operária –, garantindo a ampliação do mercado interno e o avanço das relações capitalistas, visando assegurar o sucesso de uma primeira etapa da revolução socialista. Adotava-se o esquema etapista da revolução, ou seja, para os países ditos coloniais ou semicoloniais, a estratégia da revolução passava a ser dividida em duas etapas: a primeira, *democrático-burguesa*, e a segunda, socialista. Tal esquema se manteve durante décadas da história do PCB. Na prática, o PCB passou a ser um *partido nacional-libertador*, participante ativo da luta por todas as causas justas do povo

[42] V. I. Lênin, *Duas táticas da social-democracia na revolução democrática* (Rio de Janeiro, Calvino, 1945), p. 75-6.

[43] Ibidem, p. 152.

[44] Anita Leocadia Prestes, "A que herança os comunistas devem renunciar?", cit., p. 206.

brasileiro, mas sem conseguir transformar-se no organizador e condutor da revolução socialista no Brasil.

Essa falsa visão estratégica tinha um conteúdo *de direita*, pois dela resultava a busca de um objetivo ultrapassado pelo próprio processo histórico brasileiro – desenvolver o capitalismo. (Na Rússia tsarista e feudal, realizar a revolução burguesa para desenvolver o capitalismo era uma tarefa progressista, como mostrou Lênin.) No Brasil, a revolução burguesa possível nas condições históricas do país teve lugar num processo distinto das revoluções burguesas nos países centrais, conforme revelou o sociólogo Florestan Fernandes[45]. No caso brasileiro, para os comunistas, seria necessário romper com a dependência, golpear o capitalismo e avançar rumo à revolução socialista.

Como tive oportunidade de assinalar em trabalhos anteriores, uma estratégia errônea teria como consequência a adoção de táticas que também seriam errôneas, eivadas de vacilações e atitudes contraditórias. Na ausência de uma análise concreta da burguesia brasileira, dos seus diferentes setores e das suas correspondentes posições políticas, o PCB recorria à tese da existência de uma suposta *burguesia nacional* (categoria importada de modelos aplicados em outros países) que ora estaria subordinada aos interesses do imperialismo, ora poderia ser considerada uma força revolucionária[46]. Esse posicionamento influenciava a política de alianças do partido, prejudicando seriamente a prática política dos comunistas.

Ao mesmo tempo, no Brasil a questão nacional esteve continuamente presente no debate intelectual[47] e, nos momentos de crise, passaria a "englobar e sintetizar as demais", contribuindo para que o nacionalismo se transformasse em um "conceito inclusivo"[48]. Da mesma maneira, é possível afirmar que "historicamente, a construção do nacionalismo" se constituiu "em uma das preocupações fundamentais dos intelectuais"[49]. Contudo, foi no período da Primeira Guerra Mundial que, nas palavras de Daniel Pécaut, "o nacionalismo invadiu a cultura brasileira"[50] e, segundo Renato Ortiz, ocorreu a "emergência de um es-

---

[45] Florestan Fernandes, *A revolução burguesa no Brasil: ensaio de interpretação sociológica* (Rio de Janeiro, Zahar, 1975), p. 203-21.

[46] Anita Leocadia Prestes, "A que herança os comunistas devem renunciar?", cit., p. 207.

[47] Lúcia Lippi de Oliveira, *A questão nacional na Primeira República* (São Paulo, Brasiliense, 1990).

[48] Ibidem, p. 23.

[49] Mônica Pimenta Velloso, "Os intelectuais e a política cultural do Estado Novo", em J. Ferreira, L. de A. N. Delgado (orgs.), *O Brasil Republicano: o tempo do nacional-estatismo do início da década de 1930 ao apogeu do Estado Novo*, livro 2 (Rio de Janeiro, Civilização Brasileira, 2003), p. 149.

[50] Daniel Pécaut, *Os intelectuais e a política no Brasil: entre o povo e a nação* (São Paulo, Ática, 1990), p.15.

pírito nacionalista, que procura se desvencilhar das teorias raciais e ambientais características do início da República Velha"[51].

Dessa maneira, as concepções nacional-libertadoras adotadas pelo PCB frutificaram no Brasil graças à sua aceitação por amplos setores sociais influenciados pelo pensamento nacionalista. Se as teses defendidas pelos comunistas encontraram repercussão junto a diversos setores da sociedade brasileira, isso se deveu, em grande parte, à circunstância de tais posições tenderem a convergir com os sentimentos nacionalistas amplamente difundidos na sociedade civil do país, dentre os quais se destacava a preocupação com a garantia da soberania nacional. Evidencia-se, pois, que a política do PCB não consistiu num mero reflexo de supostas imposições da IC ou do movimento comunista internacional, como frequentemente se afirma.

Como procurei mostrar em trabalhos anteriores, dadas as condições adversas em que o PCB foi fundado, de grande atraso cultural do país e de inexistência de um movimento operário com tradições marxistas, a repercussão da Revolução Russa mostrou-se decisiva para que um pequeno grupo de lideranças anarcossindicalistas, tendo à frente Astrojildo Pereira, tomasse a iniciativa de criar um partido comunista no Brasil. Contudo, a débil presença do marxismo junto à intelectualidade brasileira, aliada à grande influência do pensamento nacionalista, contribuiu decisivamente para que o PCB se transformasse num partido nacional-libertador[52]. Como advertiu Eric Hobsbawm, "o perigo real para os marxistas é o de aceitar o nacionalismo como ideologia e programa, ao invés de encará-lo realisticamente como um fato, uma condição de sua luta como socialista"[53].

---

[51] Renato Ortiz, *Cultura brasileira e identidade nacional* (3. ed., São Paulo, Brasiliense, 1985), p. 22.

[52] Ver, por exemplo, Anita Leocadia Prestes, *Os comunistas brasileiros (1945-1956/58): Luiz Carlos Prestes e a política do PCB* (São Paulo, Brasiliense, 2010).

[53] Eric Hobsbawm, "Nacionalismo e marxismo", em Jaime Pinsky (org.), *Questão nacional e marxismo* (São Paulo, Brasiliense, 1980), p. 310.

Lênin em sua residência em Górki, em foto de setembro de 1922.

Reflexões não muito ortodoxas sobre a Revolução Russa:
Legados e lições do centenário

Luis Fernandes

Um Estado que carece de meios de mudança carece dos meios para a sua conservação.
(Edmund Burke, *Reflexões sobre a revolução na França*)

O título e a citação acima evocam a clássica obra do pensador liberal-conservador irlandês, Edmund Burke, sobre os (des)caminhos da Revolução Francesa de 1789, obra produzida ainda no calor dos seus trágicos desenvolvimentos e das reações de assombro e horror por eles suscitadas na vetusta aristocracia europeia. Em chave mais alinhada com a tradição do realismo crítico – tanto filosófico, quanto epistemológico e político –, este texto discute os múltiplos impactos, legados e lições de uma revolução mais "jovem" que igualmente assombrou e transformou o mundo e que completa agora o seu centenário: a Revolução de Outubro de 1917 na Rússia.

Pensado a partir da realidade brasileira, o primeiro legado da Revolução Soviética que quero destacar é o fato de ela ter impulsionado a primeira experiência de participação organizada e continuada dos trabalhadores na vida política nacional com a fundação, em 1922, do Partido Comunista do Brasil, por influência direta da experiência revolucionária na Rússia. Na maioria dos países, e destacadamente na Europa, os partidos comunistas nasceram de cisões em partidos socialistas já existentes. No caso brasileiro, o Partido surgiu da conversão ao socialismo de setores do anarcossindicalismo, que – por princípio – não participavam da vida política nacional. Na época, o Partido Comunista do Brasil foi fundado como a Sessão Brasileira da Internacional Comunista. Do ponto de vista da evolução política do Brasil, trata-se de um feito histórico porque, pela primeira vez, surgia no seio do recém-constituído movimento operário no nosso país uma força com atuação política organizada e continuada. Nos espasmos de vida legal que desfrutou nos seus primeiros anos de existência, o

Partido participou dos seus primeiros pleitos eleitorais em 1925 e organizou o Bloco Operário e Camponês (BOC) que atuou de 1927 a 1930, elegendo dois vereadores para a Câmara do Rio de Janeiro, então capital da República. Desde esse início pioneiro numa realidade marcada pelo capitalismo ainda incipiente, os trabalhadores e os próprios comunistas brasileiros tiveram participação destacada e marcante nas grandes jornadas da vida política nacional.

Vista de uma perspectiva histórica mais ampla, a Revolução Soviética destaca-se por ter sido a primeira experiência de estruturação continuada de um sistema alternativo ao capitalismo no mundo. Foi o que imprimiu singular importância histórico-mundial a essa revolução centenária. Nos marcos da estruturação e posterior derrocada desse sistema, a Rússia passou da condição de "sócia tardia menor" do núcleo central do capitalismo (no formato imperial) para a de polo articulador de um sistema mundial antagônico (no formato soviético), até refluir para a de potência recalcitrante constrita à semiperiferia do sistema capitalista (no formato atual).

Para além da clivagem mundial-sistêmica apontada acima, o grande legado da Revolução Soviética para a humanidade foi ter introduzido a questão social na agenda política global. A Revolução Francesa legou ao mundo a bandeira dos direitos humanos e da cidadania política *lato sensu*. A Revolução Soviética, por sua vez, introduziu na agenda política mundial, de forma abrangente e profunda, a questão social (baseada na promoção de amplos direitos sociais e na redução acelerada da desigualdade). Isso não apenas por suas realizações diretas, que transformaram as estruturas sociais do antigo Império Russo e promoveram o maior e mais profundo processo de reconfiguração social e de desconcentração de riqueza e de renda da história da humanidade. Houve também a afirmação "indireta" da questão social pela experiência soviética, fruto da "ameaça" que o mundo socialista representou para as elites do mundo capitalista e que tornou possível a estruturação de Estados de Bem-Estar e a generalização de direitos sociais na Europa, bem como a sua ampliação nos processos de desenvolvimento dos países capitalistas dependentes. Isso também constitui uma realização histórico-concreta de profundo e duradouro alcance no mundo moderno.

Um terceiro legado que gostaria de destacar é o fato de a URSS, num primeiro momento, e o campo socialista como um todo, posteriormente, terem impulsionado forças políticas que desempenharam papel absolutamente determinante nos processos de descolonização que varreram o mundo na segunda metade do século XX. Foi uma conquista civilizacional ampla e profunda que infelizmente nem sempre recebe o devido valor, em função de uma leitura que encara o processo de descolonização como resultado automático e não conflitivo da opção natural dos povos por sua autodeterminação. A verdade é que, dado o poder das potências coloniais dominantes, não haveria processo de descolonização tão amplo e tão profundo no mundo caso a luta anti-imperialista não tivesse sido convertida em pilar das políticas externas da União Soviética e dos demais países do antigo campo socialista. A base para essas políticas de Estado foi a teoria do imperialismo desenvolvida por Lênin, que fincou a luta anti-imperialista como uma segunda grande vertente do movimento revolucionário mundial e que, posta em prática pelo campo socialista, conduziu ao desmantelamento de quase todos os antigos impérios coloniais, deslegitimando as práticas colonialistas no mundo. Trata-se de uma realização possibilitada pelo apoio político, diplomático, militar, econômico e moral dado pela URSS e pelos demais países socialistas às causas anti-imperialistas e anticolonialistas, e que legou ao mundo o formato atual do sistema internacional: a de um sistema de abrangência global estruturado sobre poderes estatal-nacionais soberanos, baseado (pelo menos do ponto de vista ideal-formal) no princípio da autodeterminação – muito embora a própria liderança soviética tenha se afastado desse princípio para praticar seu próprio *hegemonismo*, ao proclamar a doutrina da "soberania limitada" no campo socialista para justificar a invasão da Tchecoslováquia por tropas do Pacto de Varsóvia em 1968.

Outro legado fundamental, embora no âmbito de uma coalizão mais ampla, foi a derrota do nazifascismo e seu desmantelamento como força política organizada no mundo, bem como sua deslegitimação como alternativa de organização econômica, social e política. Sem desmerecer o papel da coalizão de forças democráticas mencionada acima, é notório que a força determinante na derrota do nazifascismo na Segunda Guerra Mundial foi a União Soviética, que perdeu 1/6 de sua população no conflito. Sua atuação mudou o curso da guerra e desarticulou essa forma de autoritarismo extremo dos países capitalistas, outro legado civilizacional para a humanidade.

Há que se registrar, ainda, o importante impacto da Revolução Soviética sobre o desenvolvimento científico e tecnológico mundial. Esse legado, uma vez mais, foi gerado tanto de forma direta quanto indireta. Ao longo de sua trajetória, a URSS sustentou substanciais investimentos em pesquisa básica, que a mantiveram como uma das principais potências científicas mundiais até seu desmantelamento em 1991. A dianteira tecnológica soviética na área aeroespacial alcançada no imediato pós-guerra – materializada no lançamento do primeiro satélite artificial (o Sputnik) em 1957 e no primeiro voo humano ao espaço (o do cosmonauta Gagarin) em 1961 – deflagrou, em reação, gigantesco incremento de investimentos e reconfigurações institucionais na área de ciência e tecnologia (C&T) dos países capitalistas centrais, que temiam estar perdendo a "corrida" com os países socialistas nessa seara. Nos Estados Unidos, o orçamento da National Science Foundation (NSF, equivalente *grosso modo* ao nosso CNPq) foi multiplicado por mais de doze entre 1957 e 1968, no que se convencionou chamar de "Era Dourada" da Ciência nesse país[1]. Em resposta ao pioneirismo aeroespacial da União Soviética, o governo dos EUA criou a National Aeronautics and Space Administration (Nasa) em 1958, deflagrando a corrida espacial que resultou na primeira viagem humana à Lua. Na área da Defesa, também em 1958, o presidente Eisenhower fundou uma agência focada no desenvolvimento de projetos de pesquisa avançada (a Defense Advanced Research Projects Agency – Darpa) que acabou sendo responsável pelas principais inovações na área de tecnologias da informação e da comunicação (TIC's), as quais constituíram a "sociedade do conhecimento" hoje vigente no mundo, incluindo a própria internet e as principais tecnologias incorporadas aos *smartphones* atuais.

A viabilidade do socialismo

O registro dos múltiplos impactos e legados da Revolução Soviética feito acima não é movido por um pendor à autoemulação ou à autocongratulação. São realizações histórico-concretas que não podem ser ignoradas ou abstraídas por qualquer balanço que se pretenda objetivo e criterioso dessa experiência agora centenária. No entanto, apesar dessas realizações, a União Soviética foi desmantelada e o antigo bloco socialista se dissolveu. Isso nos coloca um desafio crítico, porque o socialismo nasceu (pelo menos na chave fornecida por Marx e por Engels) como perspectiva emancipatória enraizada nas contradições intrínsecas ao modo de produção capitalista: uma alternativa histórica real, que não se limitava à crítica romântica dos males do capitalismo. Com a derrota sofrida, o questionamento sobre a viabilidade da construção de uma sociedade alternativa ao capitalismo ganhou força, nos marcos do quadro mais geral de defensiva estratégica que passou a caracterizar a atuação das forças de esquerda no mundo após a derrocada do campo socialista.

Hoje, o "ônus da prova", por assim dizer, da viabilidade da alternativa socialista ao capitalismo recai sobre os defensores dessa alternativa. Não basta criticar as mazelas do capitalismo. É preciso comprovar que a alternativa socialista é viável. E, para tanto, é fundamental compreender por que a primeira experiência histórica que tentou materializar essa alternativa fracassou. Para

[1] Dados extraídos do texto *The National Science Foundation: a Brief History*, de 15 jul. 1994, disponível em: <http://www.nsf.gov>.

dar conta desse desafio crítico, por sua vez, é preciso realizar a atualização e o desenvolvimento da teoria marxista. Se isso não for feito, a força de nossas convicções também se esmorece e a viabilidade da construção de uma sociedade alternativa aos padrões dominantes no mundo passa a ser limitada.

Há uma saída fácil, porém falsa, para lidar com esse desafio: simplesmente atribuir a derrota do socialismo ao abandono da "pureza doutrinária" da teoria marxista pelos dirigentes das experiências revolucionárias do século XX. Muitos intelectuais bem-intencionados enveredam por esse caminho e empenham-se em olhar para trás, procurando precisar a data exata da traição que redundou no fracasso. Esta me parece uma forma de fugir da questão, baseada num raciocínio lógico-teórico de fundo dogmático. Inicia-se pela afirmação geral do socialismo como negação do capitalismo, como sociedade que visa à negação/superação de tal sistema. Em seguida, constrói-se um tipo ideal de sociedade socialista como antípoda às mazelas mais criticadas do capitalismo. Na sequência, comparam-se as experiências "socialistas" histórico-concretas com o tipo ideal. Na medida em que aquelas não se adequam ao formato preconizado por esse modelo ideal, seus dirigentes são acusados de abandono ou traição da teoria marxista. Esta não estaria em causa, porque nunca teria sido aplicada "de verdade" (ou porque deixou de ser aplicada a partir de determinado ponto). A pureza doutrinária, assim, estaria preservada. Trata-se, na verdade, de um raciocínio simplista, de consequências letais para a própria teoria marxista, que assim ficaria congelada numa espécie de "redoma utópica", e não se desenvolveria a partir da própria sistematização da experiência histórica da URSS e dos demais países do antigo bloco socialista. É nessa direção que encaminho as reflexões críticas sobre a experiência da Revolução Soviética a seguir desenvolvidas.

O projeto de emancipação na semiperiferia

Marx dizia que, se pudesse resumir seu projeto de emancipação numa única frase, essa frase seria: "a abolição da propriedade privada". Para refletir com mais precisão seu conteúdo dialético, poderíamos reelaborar sua formulação como: "a superação da propriedade privada". É claro que essa é uma síntese quase caricatural do que seria o projeto de emancipação comunista, mas, como toda caricatura, também reúne seus elementos cruciais e determinantes. Tanto a URSS como as demais experiências socialistas passaram por processos de coletivização do grosso de suas forças produtivas e eliminaram a propriedade privada como base das suas economias e sociedades. Dessa forma, construíram o embrião de sociedades socialistas entendidas como sociedades de transição para a eliminação das diferenças de classe. Eram projetos que realizavam o desenho fundamental do que o próprio Marx apresentou como rumo fundamental de uma sociedade socialista.

No entanto, a realização desse programa de emancipação nas condições históricas concretamente enfrentadas pela URSS diferia enormemente das condições previstas no século XIX por Marx e Engels. A perspectiva de superação do capitalismo construída por eles partia da compreensão de que as primeiras experiências socialistas surgiriam nos países capitalistas mais desenvolvidos. Precisamente por serem mais desenvolvidos, a produção fabril (e o trabalho coletivo-cooperativo a ele associado) estaria mais concentrada nesses países e a contradição entre o caráter privado da propriedade sobre os meios de produção e o caráter social da produção (isto é, entre o Capital e o Trabalho) estaria mais intensificada, gerando, portanto, condições mais maduras para efetuar a transição socialista.

Nas condições históricas concretas geradas pelo advento do imperialismo na passagem do século XIX para o século XX, no entanto, a possibilidade primeira de superação do capitalismo surgiu na semiperiferia e não no coração do sistema. Essa era a condição do Império Russo, caracterizado por vários autores da época, inclusive Lênin, como uma espécie de ponte entre o Ocidente e o Oriente porque conjugava, nas últimas décadas do século XIX, um capitalismo bastante concentrado e de desenvolvimento tardio nas cidades, com uma massa de população na área rural onde predominavam relações pré-capitalistas. Além disso, havia o agravante de que o Império Russo era institucionalmente débil, pois nunca chegou a se consolidar como Estado unificado e centralizado.

Esse era o contexto histórico em que, pela primeira vez no mundo, se tomou o poder de forma duradoura para tentar promover a superação do modo de produção capitalista. Havia, portanto, os elementos do atraso, da semiperiferia, do Estado pouco consolidado, do contexto geopolítico adverso – o cerco capitalista –, da ameaça permanente de invasão e da guerra civil. Do ponto de vista econômico, a ausência de experiências socialistas em países mais avançados após o triunfo da Revolução Soviética impôs à recém-constituída URSS o desafio de combinar a construção do socialismo com a superação acelerada do atraso herdado da condição semiperiférica anterior.

O dilema do desenvolvimento e o desafio da inovação

Historicamente, esse desafio foi enfrentado, de maneira vitoriosa, pela implantação de uma economia altamente centralizada, com estatização quase completa das forças produtivas. Processou-se, ainda, a fusão entre partido e Estado, com a estrutura hierárquica do partido tendo uma função de mobilização centralizada da sociedade, para que fosse possível enfrentar os desafios da industrialização, que eram também desafios de sobrevivência do Estado soviético. Aliás, sem o esforço extremamente custoso de industrialização acelerada dos anos 1930, não haveria uma base econômica espalhada por todo o seu território, capaz de ser convertida em indústria de defesa, o que, em última instância, assegurou – junto com o heroísmo dos povos soviéticos, evidentemente – a derrota da máquina de guerra de Hitler na Segunda Guerra Mundial.

No entanto, uma vez superado o desafio da industrialização e da montagem de uma economia medianamente integrada, aquele desenho – composto pela estatização integral das forças produtivas, pela direção centralizada e pela planificação detalhada das metas de produção – começou a perder a capacidade de manter a dinâmica de desenvolvimento e a contínua elevação da produtividade na economia soviética. O principal problema era justamente a impossibilidade de sustentar esse modelo de direção centralizada da economia, via comando e mobilização, numa sociedade cada vez mais heterogênea e complexa. Examinando a mesma questão por outro ângulo, o problema era a inexistência de um mecanismo econômico que, no contexto do sistema socialista soviético, induzisse à inovação e à contínua elevação da produtividade nas empresas. A lógica que ordenava e regia a atividade econômica era o cumprimento das metas do plano central, o que implicava desincentivo sistêmico à assunção dos riscos associados à incorporação de novos produtos e processos à atividade empresarial.

A verdade é que, na década de 1970, o sistema socialista soviético passou a enfrentar um desafio que não lhe é particular, mas que assumiu contornos particularmente acentuados na URSS por conta das particularidades do seu modelo de desenvolvimento: o desafio da inovação. Assim como ocorreu com os países capitalistas em desenvolvimento no século XX, o sistema de ciência e tecnologia soviético foi estruturado, em grande medida, de forma segmentada e desconectada das empresas. Embora isso não fosse decorrente da "escassez de capital" endógeno para atender, com tecnologia própria, ao crescimento e à diversificação dos padrões de consumo de uma elite que concentrava parcela importante da renda nacional, como no caso latino-americano, o resultado foi semelhante: baixa propensão das empresas para desenvolver ou incorporar métodos, técnicas, equipamentos e produtos inovadores aos seus processos produtivos, dando preferência à assimilação e reprodução de pacotes tecnológicos já testados. Ou seja, uma base empresarial/industrial com baixa propensão para o desenvolvimento tecnológico e para a inovação.

A exceção a esse quadro era o complexo industrial de defesa, que mantinha estreita colaboração entre institutos de pesquisa, ministérios centrais, forças armadas e empresas para a rápida incorporação das tecnologias desenvolvidas aos sistemas de defesa, no quadro de tensionamento geopolítico que marcava a Guerra Fria e do esforço concentrado empreendido pela União Soviética para alcançar paridade estratégica com os Estados Unidos. Mesmo aqui, no entanto, a exploração do caráter dual das tecnologias desenvolvidas – com sua adaptação e disseminação na indústria de bens e serviços civis – permaneceu limitada.

O resultado agregado desse conjunto de características sistêmicas era uma combinação entre elevada capacidade científica e tecnológica, de um lado, e baixo grau de inovação empresarial, do outro, resultando em dificuldades para atender às crescentes demandas de consumo de uma sociedade marcada por baixa concentração de renda (isto é, desigualdade reduzida) e elevada homogeneidade econômico-social (assentada sobre a universalização de direitos sociais, incluindo o acesso à educação e à cultura). Como se sabe, no contexto da fixação centralizada de preços, isso resultava em incapacidade crônica para abastecer a sociedade de bens de consumo duráveis na quantidade e qualidade demandadas, levando à generalização de práticas de racionamento na URSS. Em outras palavras, o sistema soviético de planejamento centralizado integral carecia de um mecanismo econômico que operasse como equivalente funcional à "anarquia na produção" das economias capitalistas para promover a difusão do progresso técnico com base no processo de "destruição criativa" de métodos e técnicas estabelecidos (ainda que com forte promoção e apoio estatal, como vimos no caso dos Estados Unidos). O "modelo" socialista soviético teve grande êxito na promoção da acelerada industrialização do seu vasto território baseada na assimilação das técnicas mais avançadas empregadas nos países capitalistas, mas foi incapaz de desenvolver e disseminar (sobretudo, disseminar) bases tecnológicas para alavancar e estruturar novos ciclos de crescimento da sua economia. Chamo, precisamente, a esse impasse – para o qual a direção da URSS não conseguiu gerar respostas estratégicas adequadas – de "encruzilhada da inovação".

Para além das fantasias utópicas do "tipo ideal" socialista, trata-se de um desafio estratégico crucial que se apresentou para todas as experiências socialistas histórico-concretas do século XX. Por isso, penso que devemos valorizar a capacidade de inovação e renovação revelada pelas experiências chinesa e vietnamita nesse terreno. Com base na própria experiência da Nova Política Econômica (NEP) implantada na URSS nos anos 1920 – e operando em condições geopolíticas bem distintas das que a União Soviética enfrentava nos anos

1930 –, esses países enfrentaram o desafio com uma reformulação profunda das suas estratégias de desenvolvimento, que passaram a conjugar variadas formas de propriedade e de estruturas socioeconômicas, preservando elementos de concorrência entre elas e ampliando as relações de mercado na economia como um todo, mas mantendo o predomínio de formas sociais e coletivas de propriedade e o controle e a direção estatais da atividade econômica. O mínimo que se pode dizer é que esse desenho alternativo conseguiu superar um entrave que foi fatal para a experiência soviética e para o "modelo único de socialismo" que a URSS exportou para os demais integrantes do seu bloco.

Os resultados da reorientação chinesa, em particular, têm sido impressionantes e marcam a profunda transição atualmente em curso na ordem internacional. Sua participação relativa no PIB mundial medida por Poder de Paridade de Compra (PPC) passou de 5% em 1980 para 17,1% em 2014, ultrapassando tanto os Estados Unidos quanto o peso combinado da União Europeia[2]. Trata-se de trajetória prolongada e sustentada de desenvolvimento sem precedentes na história moderna, superando a dos próprios Estados Unidos na passagem do século XIX para o século XX. No âmbito dessa trajetória, a China estruturou um robusto sistema nacional de inovação para acelerar a disseminação do progresso técnico na sua economia. Os resultados alcançados nessa base pela China na área de ciência, tecnologia e inovação também são marcantes. Sua participação na produção científica mundial passou de 1,1% em 1993 para 16,7% em 2013 (segunda no mundo, atrás apenas dos Estados Unidos)[3]. Os investimentos em pesquisa e desenvolvimento (P&D) como proporção do seu PIB passaram de 0,6% em 1995 para cerca de 2% em 2012[4]. O mais relevante é que essa expansão teve impacto significativo na promoção do progresso técnico na economia chinesa. A participação de produtos de alta tecnologia na pauta de exportações da China passou de 4,7% em 1992 para 29% em 2008[5].

Em suma, a China parece estar conseguindo encontrar os caminhos para enfrentar e superar o "desafio da inovação" no seu desenvolvimento. O interessante é que um conjunto de medidas e proposições adotadas inicialmente na URSS no período da NEP para lidar com as condições de "atraso" que

[2] Dados compilados pelo World Economic Outlook Database, abr. 2016, disponível em: <http://www.imf.org>.

[3] Com base em dados compilados pelo Thomson Reuters National Indicators.

[4] Dados extraídos do Unesco Institute of Statistics, disponível em: <http://uis.unesco.org/>.

[5] Ly Ping, "China", em Mario Scerri e Helena Lastres (orgs.), *The Role of State* (Nova Déli, Routledge, 2013), p. 205.

marcavam sua transição *para* o socialismo foram redesenhadas e reinterpretadas pela liderança chinesa a fim de encontrar os caminhos para atravessar a "encruzilhada da inovação" *no* socialismo.

Doutrinação e congelamento da teoria marxista

O ponto acima evoca outro equívoco oriundo da transformação do marxismo em doutrina oficial de Estado na URSS: a exportação do modelo soviético, gerado para responder a condições históricas muito específicas, como modelo único de socialismo. Sua não aceitação foi muitas vezes encarada como traição ou como abandono do socialismo. A imposição de um modelo único de socialismo é fruto desse embotamento da teoria marxista transformada em doutrina de Estado. *Grosso modo*, ocorreu com a teoria de Marx um processo análogo ao que anteriormente acometera a teoria de Hegel. O próprio Marx destacava que, no pensamento hegeliano, o elemento dialético era eminentemente revolucionário. No entanto, ao ser fechado como sistema filosófico e ao ser transformado em doutrina de Estado na Prússia, houve um estrangulamento sistêmico do elemento revolucionário de sua filosofia. A cristalização do pensamento marxista em doutrina oficial de Estado na URSS tolheu sua natureza dialética e revolucionária, tornando-o incapaz de teorizar, enfrentar e refletir sobre os novos problemas gerados pela experiência da construção do socialismo, bem como de se renovar para garantir a própria continuidade e a sobrevivência do projeto socialista.

Há, portanto, uma combinação de fatores que determinaram a derrocada da primeira experiência socialista no mundo, para os quais chamo a atenção: o pesado legado das condições históricas que caracterizaram a gênese dessa experiência na Rússia, mesclado a problemas universais que marcam a própria concepção original do projeto de emancipação socialista – visto que o "desafio da inovação", apontado acima, tem relevância e repercussões que transcendem as condições históricas específicas da Revolução Soviética.

As formas políticas do Estado soviético

Um último ponto sobre o qual quero refletir remete às formas políticas assumidas pelo Estado soviético ao longo da sua evolução. A grande referência histórica adotada pelo próprio Marx para pensar as formas político-institucionais que o Estado poderia assumir em um processo de transição socialista foi a experiência da Comuna de Paris, que durou pouco mais de dois meses no contexto de uma cidade sitiada por tropas invasoras alemãs. Apesar de efêmera, essa experiência serviu de referência para as reflexões de Marx sobre a institucionalidade de um Estado de base operário-popular, retomadas em seguida por Lênin ao escrever *O Estado e a Revolução*[6].

As lições extraídas por Marx da experiência da Comuna de Paris apontam para a generalização de formas de democracia direta e participativa. Como sabemos, não foi exatamente o que se consolidou como forma dominante de Estado na URSS. Mas, ao invés de ler isso simplesmente pela chave da traição, acho que é fundamental examinar a questão sob a chave dos dilemas históricos da construção do Estado soviético. A verdade é que se tentou, inicialmente, construir o poder soviético nos moldes destacados originalmente por Marx no seu estudo da experiência da Comuna de Paris.

No contexto histórico concreto enfrentado pela Revolução Soviética – em particular guerra civil, cerco, invasão e ameaças geopolíticas continuadas –, aqueles mecanismos de democracia direta e participativa mostraram-se incapazes de promover a mobilização de forças necessária para o triunfo na guerra civil e a derrota das tropas invasoras. Mas os mecanismos de democracia direta e participativa no poder soviético nunca chegaram a ser dissolvidos. Todos aqueles mecanismos – mandato imperativo, revogação de mandatos etc. – foram preservados na experiência soviética. Contudo, na mobilização concreta da luta pela sobrevivência do Estado soviético, a realidade da luta política levou o partido a assumir cada vez mais a função de mobilização centralizada da luta de resistência. E, não obstante a preservação de formas comunais no poder soviético, observou-se a crescente fusão do partido bolchevique com as estruturas do Estado e a sobreposição da própria estrutura vertical-hierárquica do partido aos mecanismos de controle democrático, previstos na constituição dos poderes soviéticos.

Parte da explicação para essa evolução evoca, uma vez mais, as circunstâncias históricas que marcaram a origem da URSS: a debilidade da própria consolidação do Estado no antigo Império Russo, a rapidez do seu colapso e depois a brevíssima experiência liberal. Mas há reflexões mais amplas a serem extraídas dessa evolução – a saber, a concepção altamente fechada, não subordinada ao controle popular, dirigista e burocratizada que o Estado assumiu – que nos remetem a dilemas e tensões do próprio projeto socialista.

Se recuperarmos a visão que Marx esboçou na *Crítica do Programa de Gotha*[7], do socialismo como etapa de transição prolongada, podemos encaixar melhor a

[6] São Paulo, Boitempo, 2017. (N. E.)

[7] São Paulo, Boitempo, 2012. (N. E.)

noção de variedade de formas de propriedade no âmbito da transição prolongada e o próprio princípio distribuidor da riqueza no socialismo: "a cada um de acordo com suas necessidades e de cada um de acordo com o seu trabalho". Quer dizer, a medida é o trabalho, o que ainda pressupõe a predominância de relações de alienação na sociedade de transição, já que as pessoas continuam a ser motivadas para o trabalho não tanto por sua contribuição criativa para o bem-estar da humanidade, e sim pela ampliação do acesso a fundos de consumo. E isso implica o predomínio de visões particularistas durante um prolongado período da transição.

Portanto, ao generalizar os mecanismos de democracia direta e participativa (como Marx pensava ser possível com base em sua leitura da experiência da Comuna de Paris), pode-se gerar, na verdade, a multiplicação de corporativismos particularistas e a paralisia do projeto de desenvolvimento mais amplo da sociedade socialista. Acredito que aqui há um problema que repõe o imperativo da centralidade da democracia representativa no socialismo. Ao longo da transição, creio que será necessário preservar mecanismos de democracia representativa como alicerces centrais do Estado para construir o interesse coletivo democraticamente. Porque a alternativa a isso, historicamente, foi proclamar institucionalmente o "partido de vanguarda", por ser portador da "teoria mais avançada", como o dirigente da sociedade e do Estado. Mas, se é assim, onde ficam os controles democráticos? Até que ponto a estrutura hierárquica do partido não se sobrepõe aos controles democráticos na transição socialista? Até que ponto a forma fusionada do Partido-Estado não se autonomiza e se impõe sobre a sociedade que está destinada a dirigir? Até que ponto a teoria que lhe confere esse papel de vanguarda não se transforma em doutrina racionalizadora das estruturas de poder existentes? Até que ponto a incapacidade do cidadão comum de influir nos rumos de desenvolvimento do país não se transforma em crescente apatia, cinismo e questionamento dos dirigentes? Até que ponto essa desconfiança não lança os germes de uma crise de legitimação do Estado, apesar de toda a retórica revolucionária deste (sobretudo quando o desempenho do sistema socialista vigente deixa de corroborar a sua alegada "superioridade econômica" em relação aos países capitalistas)?

Acredito que esses problemas de fundo nos remetem à necessidade de conceber e conformar o Estado socialista, com sua base social operário-popular, como um Estado democrático de direito capaz de promover a cidadania política e os direitos sociais, e simultaneamente proteger as liberdades civis e os direitos individuais. Trata-se de uma concepção que se adéqua melhor à compreensão estratégica do socialismo como uma prolongada transição histórica, no âmbito da qual convivem múltiplas formas de propriedade e estruturas econômico-sociais.

Crítica da razão dogmática

O que as reflexões desenvolvidas ao longo deste texto indicam é que havia caminhos alternativos viáveis que poderiam ter sido trilhados pelos dirigentes soviéticos para evitar a derrocada do seu sistema. A questão que, então, se coloca é: por que não o fizeram? Essa é uma temática complexa e multifacetada, que deve ser examinada por distintos e variados ângulos. O fio condutor das reflexões aqui desenvolvidas aponta que um problema crítico foi o próprio embotamento da natureza dialética e aberta do pensamento marxista em virtude de este ter sido transformado em "doutrina oficial de Estado" na URSS. O fechamento sistêmico desse pensamento acabou por cristalizar, na liderança soviética, uma concepção dogmática que concebia o desenvolvimento da sua experiência socialista como uma evolução linear e continuada de mecanismos e instituições (tanto políticas como econômicas) gestados no período inicial da construção do socialismo na URSS (que, como vimos, respondiam a circunstâncias históricas particulares). Os novos e monumentais desafios do desenvolvimento do socialismo eram vistos (e respondidos) apenas parcial e topicamente. O "modelo" foi incapaz de se reinventar, a não ser pelo caminho da autonegação, materializada na patética e humilhante carta de demissão do seu último dirigente – Mikhail Gorbachev – no Natal de 1991.

Retornando à reflexão burkeana que abre este texto, ao não incorporar meios e mecanismos de mudança e reconfiguração sistêmica, o poder soviético bloqueou sua própria continuidade e sobrevivência. Conceber esses meios e mecanismos a partir de uma ampla e profunda (re)avaliação crítica dos rumos tomados pela Revolução Russa – mas que, ao mesmo tempo, registra e celebra suas gigantescas realizações – é imperativo para os que buscam resgatar e reafirmar a viabilidade da construção de alternativas sistêmicas ao capitalismo no século XXI. Para tal, de nada vale cair em tentação dogmática de sentido oposto: refugiarmo-nos na exegese escolástica dos textos dos fundadores do socialismo moderno para formular críticas idealistas e românticas aos "descaminhos" da Revolução Soviética, desconhecendo mais de um século de lutas e realizações inspiradas por esses mesmos pensadores e os novos desafios teóricos e estratégicos suscitados por essa experiência histórica.

intimissimi

Rua comercial em São Petersburgo, Rússia. Foto do verão de 2009, de Dima Bushkov.

Do socialismo soviético ao novo capitalismo russo

Lenina Pomeranz

Introdução

Este texto tem como base pesquisa desenvolvida sobre o processo de transformação sistêmica da Rússia, entendido como o da passagem deste país do sistema socialista soviético para o sistema capitalista. Trata-se de uma pesquisa sobre *como* se deu essa transformação e a quais resultados chegou, sem a preocupação de *por que* essa transformação se deu. Esta última questão está mais ligada à análise do sistema soviético e de sua queda, tratada por pesquisadores que a ela se dedicam.

A abordagem adotada desenvolve-se por duas linhas: I) o processo de transformação institucional do sistema político; e II) o processo de transformação das bases econômicas do sistema, através das privatizações da propriedade pública.

Cabe ressaltar que ambos os processos receberam como herança do passado soviético: a continuidade do embate entre as diferentes forças políticas surgidas durante a perestroika, as dificuldades econômicas resultantes tanto da quebra da interdependência existente entre as repúblicas no plano econômico quanto do desmantelamento dos mecanismos de administração econômica (desmonte do planejamento centralizado) na sua transição para uma economia de mercado e o enfrentamento dos compromissos internacionais assumidos pela URSS.

A transformação institucional do sistema político

A institucionalização política do novo governo russo, comandado por Boris Yeltsin, deu-se com a promulgação de uma nova Constituição, cujo objetivo central foi garantir um Poder Executivo forte, capaz não só de implementar as reformas econômicas, como – e basicamente – de impedir a restauração do sistema soviético. A necessidade de um Poder Executivo forte decorreu da resistência do Congresso dos Deputados do Povo às reformas iniciadas por Yegor Gaidar – então – primeiro-ministro, as quais levaram ao gradativo desmanche das instituições democráticas surgidas durante a perestroika e à centralização do poder. O Congresso dos Deputados do Povo não constituiu a única força opositora, havendo pelo menos outros três grupos: o dos movimentos e partidos que tentaram expressar os interesses dos elementos não pertencentes à elite da sociedade e que não eram apoiados por facções da *nomenklatura*; o das organizações de oposição, criadas abertamente pela *nomenklatura* e por seus grupos de ativistas e filiados; e o daqueles que se declararam de oposição, entre os mais influentes dos quais é possível citar o PCFR, sob a direção de Guennadi Ziuganov, o Iábloko, após 1993, de orientação social-reformista e algumas organizações comunistas radicais[1]. Entretanto, como oposição organizada, era a mais significativa. Por esse motivo, Yeltsin ocupou-se em desmontá-la, a fim de aprovar o projeto de Constituição mais adequado aos seus propósitos.

O processo de elaboração e aprovação da nova Constituição da República Federal da Rússia realizou-se em situações de conflito, em três sucessivas tentativas. No seu decorrer, houve ameaça de *impeachment* do presidente, referendo para aprovação de sua política e, conclusivamente, o bombardeio do Parlamento, onde se refugiavam parlamentares que, apoiados em declaração de ilegalidade proferida pelo Tribunal Constitucional a respeito de decreto assinado pelo presidente Yeltsin dissolvendo os poderes Legislativo e Judiciário, tentaram criar outro Parlamento, apoiado em lideranças regionais. Ao mesmo tempo, com base na declaração do Tribunal Constitucional, o vice-presidente Alexander Rutskoi assumiu a presidência, nomeou novos ministros da Defesa e do Interior, anulou os decretos assinados por Yeltsin e criou uma guarda armada para impedir a invasão do Parlamento. A sede deste foi tomada no dia seguinte. O tiroteio começou pela manhã, quando os tanques estacionados em frente a ele dispararam. A evacuação do edifício realizou-se às 4 horas da tarde, pondo fim à operação.

Com esse desfecho, encerrou-se a primeira fase de institucionalização do novo Estado russo. Mas, já antes mesmo dos acontecimentos acima descritos, através de decreto, Yeltsin determinou a realização de eleições para compor um

[1] Peter Reddaway, Dmitri Glinski, *The Tragedy of Russia's Reforms. Market Bolchevism against Democracy* (Washington-DC, US Institute of Peace, 2001).

novo Parlamento, que deveria aprovar uma nova Constituição. Imediatamente após os referidos acontecimentos, foi organizado um referendo para aprová-la. Ambos, eleições e referendo, foram marcados para o dia 12 de dezembro de 1993. Para a aprovação da Constituição no referendo era suficiente o voto afirmativo de um quarto dos votantes; da mesma forma, para ser válida a eleição do Parlamento, era suficiente a participação de 25% do eleitorado. Segundo dados oficiais, compareceram às urnas 54,4% do eleitorado, dos quais 31% votaram a favor da Constituição.

A nova Constituição preservou o cargo de presidente e aumentou os seus poderes, definindo o regime político como presidencialista. Ela estabeleceu as prerrogativas da presidência e alterou as estruturas do Poder Legislativo e suas competências. Foi, assim, criado um Parlamento Nacional bicameral: um Conselho da Federação e uma Câmara de Deputados, a Duma. O Conselho foi constituído em base territorial, com dois representantes de cada uma das noventa regiões da Rússia. A Duma foi composta por 450 deputados, tendo como responsabilidades a elaboração das leis, a aprovação do orçamento do país e a aprovação ou rejeição do candidato a primeiro-ministro indicado pelo presidente. Caso a rejeição da indicação se repita por três vezes, o presidente tem o direito de dissolver a Duma e convocar novas eleições. Caso a Duma aprove um voto de não confiança no governo por duas vezes em três meses, o presidente tem o direito de demitir o gabinete ou dissolver a Duma. O primeiro-ministro, entretanto, nomeia os demais ministros, não necessitando da aprovação da Duma. A prerrogativa de nomeação dos ministros da Defesa, do Interior e das Relações Exteriores, bem como do chefe do Serviço Federal de Segurança é do presidente. Na nova Constituição não há o cargo de vice-presidente. Na ausência do titular, é o primeiro-ministro quem assume a presidência. A nova Constituição reafirmou o princípio da independência do Poder Judiciário, dando a uma Corte Constitucional a função de dirimir conflitos constitucionais. Nos termos de uma lei aprovada por ambas as casas do Parlamento em 1994, o presidente nomeia os juízes da Corte Constitucional e o Conselho da Federação aprova as nomeações. A nova Constituição também propiciou as condições para a realização centralizada da política econômica, ao entregar à administração presidencial os principais instrumentos para implementá-la. Os ministros não se reportam ao Parlamento, mas ao presidente, que tem o poder de governar por decreto.

Duas outras medidas de natureza institucional foram: a criação de um imenso aparato administrativo para assegurar o cumprimento das decisões centrais, mediante seu monitoramento e supervisão; e a criação de um corpo de segurança próprio da presidência e a sua subordinação direta a ela, não ao Parlamento, dos ministérios vinculados à Defesa e do Ministério das Relações Exteriores.

A privatização da propriedade pública

A privatização da propriedade pública na Rússia foi feita oficialmente em duas etapas: a chamada privatização de massa e a privatização por garantia de ações de empréstimo ao governo.

Cabe, porém, ressaltar que o seu processo factual teve início ainda durante a perestroika, com o conjunto de leis que gradativamente constituíram a reforma econômica nela prevista. O princípio básico a elas subjacente foi o da descentralização do processo decisório, substituindo o planejamento diretivo por uma administração indireta da economia, na qual deveriam vigorar os "meios econômicos", isto é, os mecanismos inerentes a um mercado regulado. As primeiras medidas de ordem legal constituíram autorizações para o exercício legal da atividade de produtores/empreendedores individuais, em artesanato, serviços e agricultura; para as ligações diretas das empresas importadoras e exportadoras com seus fornecedores e clientes no exterior, sem interferência do Ministério de Relações Exteriores; para a formação de *joint ventures*, com participação de 49% de capital estrangeiro. Foram posteriormente formuladas a Lei sobre a Empresa Estatal, concedendo-lhe autonomia para gestão de suas atividades, na base do cálculo econômico; a Lei sobre a Cooperação, que estendeu a cooperativa, antes restrita ao campo – *kolkhozes* –, para a zona urbana; a Lei sobre o Arrendamento, que pretendeu estimular o interesse dos coletivos das empresas no processo de transformação da sua administração e propriedade. Seguiram-se ainda a Lei sobre a Propriedade, aprovada em fins de 1989, definindo múltiplas formas de propriedade, inclusive a privada; a Lei sobre as Empresas na URSS, e o Decreto sobre as Sociedades Anônimas e de Responsabilidade Limitada, regulamentando as formas da organização empresarial no país. Com essas leis, eliminaram-se os ministérios e descentralizou-se radicalmente a atividade empresarial, constituindo a base com a qual se deu início à chamada *privatização espontânea* e à formação da nova classe de proprietários russos.

A *privatização de massa* foi realizada entre 1992 e 1994, com base em uma estratégia muito bem estruturada para evitar contestações da população e envolver as centenas de milhares de propriedades, de distintos tamanhos, que configuravam a propriedade estatal. Foram deixadas para etapa posterior as grandes propriedades dos setores mais importantes da estrutura empresarial russa.

Os passos adotados na implementação dessa estratégia foram os seguintes: I) foram criadas as instituições responsáveis pela privatização, o Fundo da Propriedade Estatal, ao qual foi atribuída a responsabilidade pelo patrimônio das empresas que para ele foram transferidas; e o Comitê Estatal de Administração da Propriedade Estatal (*Goskomimushestvo*), como agência responsável pela condução do programa; II) as empresas submetidas à privatização foram todas acionarizadas; o valor das ações teve por base o valor contábil líquido (não depreciado) do ativo fixo da empresa em julho de 1992; III) foram estabelecidas as formas de procedimento da privatização, devendo as empresas submeter a cada uma das agências referidas a opção dos seus coletivos por um de três modelos alternativos a ser adotado para a privatização. A diferença entre os modelos estava na forma e extensão da participação dos coletivos das empresas no processo de privatização. A opção tinha que ser aprovada em assembleia ou em listas de assinaturas, por pelo menos 2/3 do número total de empregados da empresa; IV) após ter exercido seu direito de opção, os coletivos podiam escolher a forma pela qual a empresa deveria ser privatizada, sendo obrigatória a venda de 80% das ações através de *vouchers*. Estes eram títulos de propriedade emitidos para ser trocados por ações das empresas submetidas à privatização. E constituíram o primeiro instrumento de esbulho da população. Pensados como forma de obter apoio desta à privatização, foram distribuídos à população em valores individuais insignificantes. O valor total dos *vouchers* correspondeu à soma do valor contábil líquido dos ativos das empresas em julho de 1992 e o seu valor unitário foi obtido pela divisão do valor total pelos 148 milhões de habitantes da Federação Russa. Seu valor de face foi de dez mil rublos, sem provisão para sua indexação à inflação; por serem transacionáveis, o seu valor deveria ser fixado posteriormente pelo mercado. Foi o que de fato aconteceu; pelas condições da incipiente formação do mercado financeiro e pelo grande volume de *vouchers* oferecidos, esse valor declinou rapidamente: logo após a sua distribuição, era comum encontrar nas estações do metrô cartazes de homens-sanduíche oferecendo-se para comprá-los com descontos de 60%. O mais importante a assinalar, como forma de esbulho da população, é que, entre 1992 e 1994, apenas 13,2% das empresas foram privatizadas através de *vouchers* e que, portanto, o total da propriedade estatal oferecido em *vouchers* à população como parcela da propriedade "pertencente a todo o povo" foi muito pequeno, encobrindo a verdadeira expropriação dessa propriedade em favor dos novos proprietários privados.

A *privatização por empréstimo com garantia de ações* refere-se às grandes empresas deixadas para uma segunda etapa do processo de privatização. Não foi um programa específico de privatização, mas o resultado de um empréstimo com garantia de ações, uma "transação bruta de propriedade em troca de apoio político"[2]. Ele criou um pacto político, que ajudou a garantir que Guennadi Ziuganov, o líder do PCFR, segundo colocado na disputa presidencial por poucos pontos de diferença em relação ao resultado obtido por Yeltsin, que, por conseguinte, disputaria com ele um segundo turno eleitoral, não viesse para o Kremlin. Foi um "pacto necessário"[3], assim entendido por receio de que os resultados da eleição presidencial pudessem pôr em risco o projeto de criação da nova Rússia capitalista. E foi possível porque esse receio era compartilhado pelos grandes banqueiros e empresários, que viam na volta dos comunistas a perda dos ganhos obtidos com a mudança do sistema e garantiam, assim, a obtenção do lote das maiores e mais lucrativas empresas russas, por preços de barganha.

A privatização por empréstimo com garantia de ações foi concebida por Vladímir Potanin, proprietário do Oneximbank, com objetivos individuais. Mas o esquema proposto foi ampliado, de maneira a incluir outras empresas do mesmo porte ainda não privatizadas e os empresários nelas interessados. O grupo, constituído por banqueiros conhecidos na imprensa como os "sete grandes oligarcas", definiu as empresas cujas ações serviriam de garantia para o empréstimo que seria concedido ao governo Yeltsin, assim como quais dos membros do grupo ficariam com qual delas.

Um decreto assinado por Yeltsin em agosto de 1995 definiu os termos de implementação da proposta. O governo autorizava empreendedores privados, por meio de leilões, a gerir as ações detidas pelo Estado em um grupo de empresas, em troca de empréstimo. Os leilões seriam abertos à competição, mas restritivos à participação do capital estrangeiro em sete das empresas incluídas no programa, entre elas a Norilsk Níquel e as três grandes petroleiras, Sidanko, Yukos e Lukoil. Os empréstimos deviam vencer em setembro de 1996; depois dessa data, o governo teria duas opções: pagar os empréstimos e receber suas ações de volta; ou vender essas ações, usadas como colaterais. Neste caso, o Estado pagaria ao credor 30% da diferença existente entre o valor obtido com a privatização e a soma inicial emprestada a ele.

A implementação do programa foi nitidamente manobrada para a escolha das empresas previamente decidida pelos banqueiros e dos valores subavaliados desejados. Essa manobra implicou não apenas a organização dos leilões pelos bancos proprietários de empresas deles participantes, mas também a fixação

[2] Chrystia Freeland, *The Sale of the Century* (Nova York, Crown Business, 2000).

[3] E. Gaidar, citado em Chrystia Freeland, *The Sale of the Century*, cit.

São Petersburgo hoje. Foto de Maria Shvedova.

prévia dos valores do menor lance, absolutamente subavaliados, de maneira a afastar eventuais concorrentes.

O resultado mais importante desse processo foi ter propiciado o surgimento da oligarquia russa. O processo tornou muito ricos esses homens de negócios. E o risco de uma vitória comunista nas eleições para a presidência transformou-os em políticos ativos para eliminá-lo, através do apoio decisivo à vitória de Yeltsin. A atuação política foi costurada com o chamado Pacto de Davos, estabelecido durante a realização do Fórum Econômico Mundial, em janeiro de 1996, quando previsões de alguns participantes ocidentais de vitória dos comunistas em futuras eleições levaram alguns dos banqueiros russos participantes do fórum a reconhecer o risco e a necessidade de ação. Como grupo, eles seriam capazes de ação coletiva no plano político.

Em fevereiro de 1996 contrataram Anatoly Chubais para coordenar a campanha eleitoral. Vencendo os conflitos internos no governo e ganhando aliados importantes como Yuri Luzhkov, prefeito de Moscou, o grupo logrou convencer

Yeltsin a aceitar a oferta dos oligarcas de formar um grupo analítico, sob a liderança de Chubais e financiado por eles. Com a campanha vitoriosa, o grupo garantiu seu acesso ao poder, e alguns deles assumiram posições relevantes na estrutura do governo: Potanin (Norilsk Níquel) foi nomeado ministro das Finanças e Boris Berezovsky, secretário do Conselho de Segurança. Estavam criados os caminhos para a influência dos maiores oligarcas na condução do Estado russo.

Como resultado dessa privatização deve-se considerar ainda a formação de grandes grupos industrial-financeiros, definidos em legislação específica como: I) um grupo de empresas e outras organizações que reúnem o seu capital; ou II) um complexo de entidades legais que funcionam como companhias principais ou subsidiárias, consolidam parte ou a totalidade dos seus ativos e visam a uma integração tecnológica e econômica para a realização de investimentos. Esses grupos são liderados pelos bancos que participaram da privatização e atuam nos setores mais relevantes da economia russa. Assim, por exemplo, o grupo liderado pelo Oneximbank reunia empresas do setor de níquel, de motores para aviação, da indústria automobilística, da metalurgia, do petróleo e da construção. O grupo liderado por Menatep, além da Yukos (a grande empresa petrolífera), tinha controle acionário em empresas dos setores industriais de plásticos, metalurgia, têxteis, química e alimentação. Conforme Popova, de quem são as informações referidas[4], foram formados com o apoio do governo 75 grupos ditos oficiais, ou seja, registrados legalmente até janeiro de 1998. Em estudo disponível sobre eles, realizado pelo Banco Mundial[5], divulgado em 2004, foi indicada a existência de 23 grandes grupos econômicos, concentrados basicamente nos setores metalúrgico (aço e alumínio), petróleo, automobilístico e bancos.

A título de conclusão, pode-se sinteticamente considerar que:

I) A privatização da propriedade estatal na Rússia, de acordo com dados relativos ao número de propriedades privatizadas, foi um processo vitorioso, em termos dos seus objetivos. De acordo com o Anuário Estatístico 2014 do Goskomstata – órgão responsável pelas estatísticas do país –, a estrutura da propriedade das empresas russas era a seguinte: privada: 85,9%; estatal: 2,4%; municipal: 4,7%; organizações sociais e religiosas: 3,0% e outras (mistas

[4] Tatiana Popova, "Financial Industrial Groups (FIGS) and their Role in the Russian Economy", *Review of Economics in Transition*, Bank of Finland, n. 5, 1998.

[5] Sergei M. Guriev e Andrei Rachinsky, "Oligarchs: the Past or the Future of Russian Capitalism?", citado em Lenina Pomeranz, "Rússia: A estratégia recente de desenvolvimento econômico-social", em José C. Cardoso Jr., Luciana Acioly e Milko Matijascic (orgs.), *Trajetórias recentes de desenvolvimento: estudos de experiências internacionais selecionadas* (Brasília, Ipea, 2009).

russas, mistas estatais com capital estrangeiro, corporações estatais, capital estrangeiro): 4,1%. Essas percentagens podem alterar-se, porém, se considerado o valor patrimonial das empresas, dado não disponível na época da pesquisa realizada; mas não alteram o quadro no fundamental, que é o predomínio absoluto da propriedade privada. Para alguns analistas, a privatização, tendo resultado da expropriação da propriedade pública, é considerada uma acumulação primitiva de capital realizada pelos novos proprietários dos meios de produção, inclusive pela posse legal dos ativos anteriormente administrados por parte deles.

II) A descentralização da propriedade estatal em unidades empresariais e em outras organizações promovida pela privatização, mas em andamento já no período final da existência da URSS, levou à substituição do planejamento central diretivo pela regulação econômica através dos mecanismos de mercado, ou seja, por diretrizes de política econômica, baseadas em indicadores de mercado.

III) A privatização propiciou a formação de uma estrutura social bastante desigual, com o surgimento, nos seus extremos, de uma parcela da população situada abaixo da linha da pobreza e de um grupo de milionários, detentores de enormes fortunas no país e no exterior.

IV) A forma pela qual a privatização foi realizada ensejou uma diferenciação entre os novos proprietários capitalistas, dando lugar ao surgimento de uma oligarquia, com influência direta na condução da política econômica e na política geral do Estado russo, até a assunção de Vladímir Putin à presidência do país, em começo de 2000. Este, entre outras medidas para a institucionalização do capitalismo russo no plano político – centralização do poder, mudanças na legislação eleitoral e partidária, criação dos símbolos nacionais (brasão, bandeira e hino) –, promoveu o afastamento dos oligarcas dos negócios de Estado.

Na página ao lado, detalhe de pôster de 1941 retrata o rosto de Josef Stálin.

Stálin e Hitler:
Irmãos gêmeos ou inimigos mortais?[1]

Domenico Losurdo

Em contraste com a recorrente interpretação que, à luz da categoria de "totalitarismo", equipara o nazismo e o bolchevismo – e especificamente Hitler e Stálin –, este artigo pretende demonstrar que os líderes do nazismo alemão e da União Soviética tinham posições políticas antagônicas. Hitler parece estar muito mais próximo da política de Winston Churchill. Acima de tudo, este ensaio se concentra no conceito de colonialismo: em seu interior, as diferenças entre Hitler e Stálin tornam-se óbvias. A guerra de Hitler foi uma guerra colonial, de base racial, bastante semelhante à política de conquistas dos Estados Unidos. A União Soviética de Stálin se opôs de forma vigorosa e bem-sucedida a essa guerra. Ou seja: Stálin e Hitler não são irmãos gêmeos, e sim inimigos mortais.

1. Acontecimentos históricos e categorias teóricas

Na atualidade, com base na categoria de "totalitarismo" (a ditadura terrorista do partido único e o culto ao líder), Stálin e Hitler são considerados as máximas encarnações desse flagelo, dois monstros com características tão semelhantes a ponto de parecer gêmeos. Não por acaso – argumenta-se –, ambos se uniram por quase dois anos em um pacto perverso. Se é verdade que a esse pacto se seguiu uma guerra impiedosa entre eles, não importa – essa guerra foi conduzida por irmãos gêmeos, a despeito da violência do conflito.

Seria essa uma conclusão necessária? Afastemo-nos da Europa. Gandhi também estava convencido de que Hitler tinha um irmão gêmeo. Mas ele não era Stálin, a quem, já em setembro de 1946

[1] Traduzido por Diego Silveira Coelho Ferreira. (N. E.)

e com a Guerra Fria em vigência, o líder indiano definia como "um grande homem" à frente de um "grande povo"[2]. Não, o irmão gêmeo de Hitler, em última instância, era Churchill, o que se verifica em pelo menos duas entrevistas de Gandhi, uma de abril de 1941, outra de abril de 1945: "Na Índia, temos um governo hitlerista, ainda que camuflado em termos mais brandos". E por fim: "Hitler foi 'o pecado da Grã-Bretanha'. Hitler é tão somente a resposta ao imperialismo britânico"[3].

Das duas declarações, talvez a primeira seja a que mais faça pensar. Ela foi dada num momento em que ainda vigia o pacto de não agressão entre Alemanha e União Soviética: o líder independentista indiano não parecia escandalizado por isso. No âmbito dos movimentos anticolonialistas, a política das frentes populares era a que encontrava maior resistência. Quem explica esse fato é um grande historiador afro-americano de Trinidad, admirador ardoroso de Trótski, Cyril L. R. James, que em 1962 descreve da seguinte maneira a evolução de outro grande intérprete, também proveniente de Trinidad, da causa da emancipação negra:

> Ao chegar nos Estados Unidos, ele [George Padmore] se tornou um comunista atuante. Foi transferido para Moscou para assumir a direção do escritório de propaganda e organização do povo negro, período em que se tornou o mais conhecido e confiável dos agitadores da independência africana. Em 1935, o Kremlin, na busca por alianças, separou a Grã-Bretanha e a França, enquanto "imperialismos democráticos", da Alemanha e do Japão, considerados "imperialistas fascistas" e que se tornaram os principais alvos da propaganda russa e comunista. Essa distinção reduziu a luta pela emancipação africana a uma farsa, pois a Alemanha e o Japão, de fato, não possuíam colônias na África. Padmore rompeu imediatamente suas relações com o Kremlin.[4]

Stálin era criticado e condenado não enquanto irmão gêmeo de Hitler, mas por se recusar a ver este último como o irmão gêmeo do líder do imperialismo britânico e francês. Para importantes figuras do movimento anticolonialista, não era fácil entender que quem comandava a contrarrevolução colonialista

---

[2] Dinanath G. Tendulkar, *Mahatma. Life of Mohandas Karamchand Gandhi*, v. 7 (Nova Déli, Division, 1990), p. 210.

[3] Mahatma K. Gandhi, *The Collected Works of Mahatma Gandhi*, v. 80 e 86 (Nova Déli, Division/ Ministry of Information and Broadcasting of India, 1969-2001), p. 200 e 223.

[4] Cyril L. R. James, *I Giacobini Neri. La prima rivolta contro l'uomo bianco* [1963] (trad. R. Petrillo, Milão, Feltrinelli, 1968), p. 327 [ed. bras.: *Os jacobinos negros: Toussaint Louverture e a revolução de São Domingo*, São Paulo, Boitempo, 2000].

(e escravista) era o Terceiro Reich: o recorrente debate sobre o pacto de não agressão claramente padece de eurocentrismo.

Por mais discutível que seja, a aproximação Hitler-Churchill feita por Gandhi (e, indiretamente, por outros expoentes do movimento anticolonialista) é fácil de compreender: Hitler não declarou diversas vezes o desejo de construir na Europa oriental as "Índias germânicas"? E Churchill não prometeu defender com todas as forças as Índias britânicas? De fato, a fim de sufocar o movimento independentista, em 1942 o primeiro-ministro inglês "recorreu a meios extremos, como o uso de aeronaves para metralhar multidões de manifestantes"[5]. A ideologia que encabeçava a repressão dá muito o que pensar. Leiamos Churchill: "Eu odeio os indianos. É um povo bestial, com uma religião bestial"; por sorte, a ordem foi mantida e a civilização, defendida, por um número sem precedentes de "soldados brancos". Tratava-se de enfrentar uma raça "que só está protegida do destino que merece porque se prolifera muito rápido"; teria agido bem, portanto, o marechal Arthur Harris, artífice dos bombardeios sobre a Alemanha, quando resolveu a questão dos indianos enviando "para destruí-los alguns de seus bombardeiros excedentes"[6].

Retornemos da Ásia para a Europa. Em 23 de julho de 1944, Alcide De Gasperi, que se preparava para ser o presidente do Conselho na Itália livre do fascismo, pronunciou um discurso em que afirmava enfaticamente:

> Quando vejo que Hitler e Mussolini perseguiam homens por causa de suas raças, e inventavam aquela pavorosa legislação antijudaica que conhecemos, e ao mesmo tempo vejo o povo russo, composto por 160 raças, buscar sua fusão, superando a diversidade existente entre a Ásia e a Europa, essa tentativa, esse esforço pela unificação do consórcio humano, permitam-me dizer: isso é cristão, isso é eminentemente universalista, no sentido do catolicismo.[7]

Neste caso, o ponto de partida foi constituído pela categoria do racismo, um flagelo que encontrava sua expressão mais crua na Itália de Mussolini e na Alemanha de Hitler. Pois bem, qual era a antítese a esse respeito? Esta não podia ser representada pela Grã-Bretanha de Churchill, pelas razões já

[5] Michel Guglielmo Torri, *Storia dell'India* (Roma/Bari, Laterza, 2000), p. 598.

[6] Madhusree Mukerjee, *Churchill's Secret War: The British Empire and the Ravaging of India during World War II* (Nova York, Basic Books, 2010), p. 78 e 247.

[7] Alcide De Gasperi, "La democrazia cristiana e il momento politico" [1944], em Tommaso Bozza (org.) *Discorsi politici* (Roma, Cinque Lune, 1956), p. 15-6.

observadas, mas tampouco pelos Estados Unidos, onde, ao menos no que se refere ao Sul, continuava incandescente a ideologia da *white supremacy*. Acerca desse regime, um notável historiador estadunidense (George M. Fredrickson) escreveu recentemente: "Os esforços para preservar a 'pureza da raça' no Sul dos Estados Unidos anteciparam alguns aspectos da perseguição deflagrada pelo regime nazista contra os judeus nos anos trinta do século XX[8]". Não impressiona então que De Gasperi identificasse a União Soviética como a verdadeira, a grande antagonista da Alemanha de Hitler. Os irmãos gêmeos de que fala a categoria do totalitarismo se configuram como inimigos mortais à luz das categorias do racismo e do colonialismo.

2. "A maior guerra colonial da história"

Sendo assim, qual categoria devemos desenvolver? Vamos dar a palavra às duas personalidades aqui discutidas. Em 27 de janeiro de 1932, dirigindo-se aos industriais de Düsseldorf (e da Alemanha) e conquistando definitivamente seu apoio para ascender ao poder, Hitler expressava desta forma sua visão da história e da política. Durante todo o século XIX, "os povos brancos" conquistaram uma posição de incontestável domínio, concluindo um processo iniciado com a conquista da América e que se desenrolou erguendo o estandarte do "absoluto, inato sentimento senhorial da raça branca". Ao pôr em discussão o sistema colonial, o bolchevismo provocava e agravava a "confusão do pensamento branco europeu", fazendo a civilização correr um perigo mortal. Para enfrentar tal ameaça, era preciso bradar a "convicção da superioridade e, assim, do direito [superior] da raça branca", era necessário defender "a posição de domínio da raça branca em relação ao resto do mundo", recorrendo à "mais brutal falta de escrúpulos": era impositivo "o exercício de um direito senhorial (*Herrenrecht*) extremamente brutal"[9]. Sem dúvida, Hitler apresentava sua candidatura à direção de um dos países mais importantes da Europa apegando-se ferrenhamente à causa da *white supremacy*, que ele almejava defender em escala planetária.

O apelo à defesa e ao resgate da raça branca tinha encontrado uma vasta repercussão na Alemanha no decorrer da Primeira Guerra Mundial, e sobretudo nos anos imediatamente posteriores. Suscitara escândalo e indignação o recurso

[8] George M. Fredrickson, *Breve storia del razzismo* (trad. A. Merlino, Roma, Donzelli, 2002), p. 8.

[9] Adolf Hitler, citado em Max Domarus (org.), *Reden und Proklamationen, 1932-1945* (Munique, Süddeutscher, 1965), p. 75-7.

da Entente e, em particular, da França às tropas de cor – que faziam parte do exército de ocupação da Renânia e estupravam as mulheres alemãs: era a impiedosa vingança dos vencedores que tentavam de todas as formas humilhar o inimigo derrotado e também contaminar seu sangue, “mulatizando-o”. Seja como for, tal como no Sul dos Estados Unidos, onde quem fazia a guarda era, contudo, a Ku Klux Klan, a ameaça negra pesava também nas costas da Alemanha (e da Europa). Era assim que na Alemanha, àquela época, argumentava uma vasta opinião pública[10], e esse clima ideológico influenciou fortemente a formação do grupo dirigente nazista. Em 14 de junho de 1922, Heinrich Himmler participou de uma manifestação lançada em Munique pela “Deutscher Notbund gegen die Schwarze Schmach” (Liga pela Defesa da Alemanha contra a Ameaça Negra) que – nas palavras de um jornal local – definia “a ocupação da Renânia por tropas de cor como um crime concebido a sangue-frio e de pura bestialidade, um crime que visa nos contaminar e degradar enquanto raça, a fim de nos aniquilar”. Em seu diário, Himmler anotou: “Muitíssimas pessoas. Todas gritavam: ‘Vingança!’. Realmente impressionante. E, todavia, eu participei de iniciativas desse tipo mais bonitas e mais entusiasmantes”[11].

Por sorte, a irresponsabilidade racial da França foi estranha para a Inglaterra. Era o que dizia Alfred Rosenberg, que lutou pela “aliança dos dois povos brancos” ou dos três povos brancos por excelência, se examinarmos a luta contra a “negrização” (*Vernegerung*) em plano mundial e levando em conta também os Estados Unidos, além de Alemanha e Grã-Bretanha[12]. Ainda no final de janeiro de 1942 – o Terceiro Reich e o Japão combatem juntos na guerra –, mais do que gozar dos sucessos de seu aliado de raça amarela, Hitler lamenta “as duras perdas que o homem branco é obrigado a sofrer na Ásia oriental”: quem se refere a tais palavras, em uma nota de seu diário, é Joseph Goebbels, o qual por sua vez condena Churchill como “o verdadeiro coveiro do Império inglês”[13].

A raça branca já vinha sendo defendida na Europa. Seu principal inimigo era a União Soviética, que incitava a revolta das raças “inferiores” e que inclusive fazia parte, ela própria, do mundo colonial. Tal visão era bastante difusa na Alemanha da época: a partir da ascensão dos bolcheviques ao poder – escrevia Oswald Spengler, um ano depois –, a Rússia retirou a “máscara branca” para se

[10] Cf. Domenico Losurdo, *Il revisionismo storico. Problemi e miti* (Roma/Bari, Laterza, 1996), cap. IV, § 6 [ed. bras.: *Guerra e revolução: o mundo um século após outubro de 1917*, São Paulo, Boitempo, 2017].

[11] Peter Longerich, *Heinrich Himmler: Biographie* (Munique, Siedler, 2008), p. 66.

[12] Cf. Ernst Piper, *Alfred Rosenberg. Hitlers Chef Ideologie* (Munique, Blessing, 2005), p. 299 e 160.

[13] Joseph Goebbels, *Tagebücher* (org. R. G. Reuth, Munique/Zurique, Piper, 1992), p. 1.747-8.

tornar "de novo uma grande potência asiática, 'mongol'", parte integrante "da totalidade da população de cor do planeta", animada pelo ódio contra a "humanidade branca"[14].

Essa grave ameaça era, ao mesmo tempo, uma grande oportunidade: diante da raça branca e da Alemanha abrira-se um imenso espaço colonial, uma espécie de Velho Oeste. Já no *Mein Kampf*, Hitler celebrara "a inaudita força interior" do modelo americano de expansão colonial, um modelo que era preciso imitar, a fim de se construir um império territorialmente compacto na Europa centro-oriental[15]. Mais tarde, após a eclosão da Operação Barbarossa, Hitler reiteradamente comparava sua guerra contra os "indígenas" da Europa oriental à "guerra contra os índios", à luta "promovida contra os índios da América do Norte": tanto num caso como no outro, "será a raça mais forte que triunfará"[16]. Por sua vez, nos discursos privados, não direcionados ao público, Himmler ilustrava com clareza particular outro aspecto essencial do programa colonial do Terceiro Reich: são absolutamente necessários os "escravos de raça estrangeira" (*fremdvölkische Sklaven*), diante dos quais a "raça dos senhores" (*Herrenrasse*) não deve jamais perder sua "aura senhorial" (*Herrentum*), e com os quais não deve jamais se misturar ou confundir. "Se não enchermos nossos campos de trabalhadores escravos – neste recinto me permito definir as coisas de modo nítido e claro –, de operários-escravos que construam as nossas cidades, nossas vilas, nossas fábricas, a despeito de quaisquer perdas", o programa de colonização e germanização dos territórios conquistados na Europa oriental não poderá ser realizado[17].

Em suma: os "indígenas" da Europa oriental eram, por um lado, os peles-vermelhas que deveriam ser expropriados de suas terras, deportados e dizimados; por outro lado, eram os negros, destinados a trabalhar como escravos a serviço da raça dos senhores (ao passo que os judeus, que, tais como os bolcheviques, eram responsabilizados pela sublevação das raças inferiores, deveriam ser liquidados). É óbvio que uma visão desse tipo não poderia ser compartilhada pelas vítimas, entre as quais a União Soviética era a mais considerável. Mas é interessante observar que, já entre fevereiro e outubro de 1917, Stálin insistentemente

[14] Oswald Spengler, *Jahreder Entscheidung* (Munique, Beck, 1933), p. 150.

[15] Cf. Adolf Hitler, *Mein Kampf* [1925-1927] (Munique, Zentral verlag der NSDAP, 1939), p. 153-4.

[16] Idem, citado em Werner Jochmann (org.), *Monologe im Führerhauptquartier, 1941-1944* (Hamburgo, Albrecht Knaus, 1980), p. 377 e 334 (conversações de 30 e 8 ago. 1942).

[17] Cf. Heinrich Himmler, citado em Bradley F. Smith e Agnes F. Peterson, *Geheimreden 1933 bis 1945* (Berlim, Propyläen, 1974), p. 156 e 159.

chamava a atenção para o fato de a Rússia, àquela altura destruída pelo interminável conflito, correr o risco de se tornar "uma colônia da Inglaterra, dos Estados Unidos e da França": tentando impor a qualquer custo a continuação da guerra, a Entente se comportava na Rússia como se estivesse "na África central". A Revolução Bolchevique era necessária também para afastar tal perigo[18]. Depois de outubro, Stálin identificava o poder dos sovietes como o protagonista da "transformação da Rússia de colônia em país livre e independente"[19].

Conclusão: desde o início, Hitler se propunha retomar e radicalizar a tradição colonial, fazendo-a valer na própria Europa oriental e em particular na Rússia, considerada bárbara após a vitória bolchevique. No lado oposto, desde o início, Stálin convocava seu país a enfrentar o perigo da submissão colonial e, através dessa chave interpretativa, lia a própria importância da Revolução Bolchevique.

Embora procedesse com cautela, Stálin começava a identificar as características fundamentais do século que se abria. Na esteira da Revolução de Outubro, Lênin imaginava que o conteúdo principal ou exclusivo do século XX seria a luta entre capitalismo, de um lado, e socialismo/comunismo, de outro: o mundo colonial já fora totalmente ocupado pelas potências capitalistas e qualquer outra divisão por iniciativa das potências derrotadas ou "desfavorecidas" teria significado uma nova guerra mundial e um novo passo rumo à destruição definitiva do sistema capitalista. Isto é, a conquista da nova ordem socialista estava imediatamente na ordem do dia. Porém, Hitler fez um movimento inesperado: identificou a Europa oriental, e em particular a Rússia soviética, como o espaço colonial ainda livre e à disposição do império alemão a ser erguido. De modo análogo agiam o Império do Sol Nascente, que invadia a China, e a Itália fascista, que mirava os Bálcãs e a Grécia, além da Etiópia. Stálin começava a perceber que, ao contrário das expectativas, o que caracterizava o século XX era o confronto, na própria Europa, entre colonialismo e anticolonialismo (este último apoiado ou promovido pelo movimento comunista).

Nos nossos dias, observou-se com correção que "a guerra de Hitler pelo *Lebensraum* [espaço vital] foi a maior guerra colonial da história"[20], guerra colonial inicialmente promovida contra a Polônia. São eloquentes as instruções dadas pelo *Führer* na véspera da agressão: impõe-se a "eliminação das forças vitais" do povo polonês; é preciso "proceder de modo brutal", sem ser

[18] Cf. Josef Stálin, *Werke*, v. 3 (Hamburgo, Roter Morgen, 1971-1976), p. 127 e 269.

[19] Ibidem, v. 4, p. 252; cf. Domenico Losurdo, *Il revisionismo storico*, cit., p. 52-3.

[20] David Olusoga e Casper W. Erichsen, *The Kaiser's Holocaust. Germany's Forgotten Genocide* (Londres, Faberand Faber, 2011), p. 327.

afetado pela "compaixão"; "o direito está do lado do mais forte". São análogas as diretrizes que mais tarde regem a Operação Barbarossa: uma vez capturados, é preciso imediatamente eliminar os comissários políticos, os quadros do Exército Vermelho, do Estado soviético e do Partido Comunista; no Oriente, impõe-se uma "dureza" extrema e os oficiais e soldados alemães estão convocados a superar suas reservas e seus escrúpulos morais. Para que povos de civilização antiga possam ser reconduzidos à condição de peles-vermelhas (que possam ser expropriados e dizimados) e de negros (que possam ser escravizados), "todos os representantes da intelectualidade polonesa" e russa – observa o *Führer* – "devem ser aniquilados"; "isso pode soar duro, mas não deixa de ser uma lei da vida"[21]. Explica-se assim a sorte reservada, na Polônia, ao clero católico, na União Soviética, aos quadros comunistas, e, em ambos os casos, aos judeus, presentes em grande número entre os grupos intelectuais e suspeitos de inspirar e alimentar o bolchevismo. Hitler consegue jogar Polônia e União Soviética uma contra a outra, mas reserva às duas a mesma sorte; mesmo que através de um percurso tortuoso e trágico, a guerra popular de resistência nacional e a grande guerra patriótica acabam por se associar. A brusca mudança de rumo da "maior guerra colonial da história" é representada por Stalingrado. Se Hitler foi o comandante da contrarrevolução colonialista, Stálin comandou a revolução anticolonial que, de modo completamente inesperado, teve na Europa seu epicentro.

3. Stálin, Hitler e as minorias nacionais

A definição de Stálin que acabo de oferecer contrasta com a política que ele seguiu em relação às minorias nacionais na União Soviética? É inegável que, na visão de Stálin, não há espaço algum para o direito de secessão. Isso se confirma pela conversação com Dimitrov, em 7 de novembro de 1937: "Nós destruiremos qualquer um que, com suas ações e seus pensamentos, mesmo que apenas com os pensamentos, atente contra a unidade do Estado socialista"[22]. Derrubar inclusive os pensamentos: é uma definição extraordinariamente eficaz, mas completamente involuntária do totalitarismo! Simultaneamente, no entanto, Stálin saúda e até mesmo promove o renascimento cultural das

[21] Adolf Hitler, citado em Max Domarus (org.), *Reden und Proklamationen*, cit. Vejam-se sobretudo os discursos de 22 ago. 1939, de 28 set. 1940, de 30 mar. 1941 e de 8 nov. 1941.

[22] Georgi Dimitrov, citado em Silvio Pons (org.), *Diario. Gli anni di Mosca (1934-1945)* (Turim, Einaudi, 2002), p. 81.

minorias nacionais vastamente oprimidas da Europa oriental. São eloquentes as observações que ele desenvolve em 1921, no decorrer do X Congresso do Partido Comunista Russo: "cinquenta anos atrás, todas as cidades da Hungria tinham um caráter alemão, agora se magiarizaram"; também "despertaram" os "tchecos". Trata-se de um fenômeno que toma a Europa inteira: de cidade "alemã" que era, Riga se torna uma "cidade letã"; de modo análogo, as cidades da Ucrânia "inevitavelmente irão se ucranizar", tornando secundário o elemento russo antes predominante[23]. É constante em Stálin a polêmica contra os "assimilacionistas", sejam os "assimilacionistas turcos", sejam os "germanizadores prussiano-alemães" ou os "russificadores russo-tsaristas". Essa tomada de posição é muito importante porque está ligada a uma elaboração teórica de caráter mais geral. Em polêmica com Kautsky, Stálin sublinha que, longe de representar a desaparição da língua e das peculiaridades nacionais, o socialismo comporta seu desenvolvimento e desdobramento ulterior. Toda "política de assimilação" deve ser tachada como "inimiga do povo" e "contrarrevolucionária": tal política é ainda mais "fatal" porque ignora "o colossal poder de estabilidade das nações" que língua e cultura nacional representam; querer declarar "guerra à cultura nacional" significa ser "adepto da política de colonização"[24]. Por mais dramática que pareça sua diferença diante da política concretamente realizada, as declarações de princípio não podem ser ignoradas, muito menos no âmbito de um regime político em que a formação e a mobilização ideológica dos quadros e militantes do partido e o doutrinamento das massas desenvolvem um papel bastante relevante.

Aqui, de novo emerge a antítese com Hitler. Este também começa por assumir a eslavização e "anulação do elemento alemão" (*Entdeutschung*) que ocorre na Europa oriental. A seus olhos, no entanto, trata-se de um processo que pode e deve ser rejeitado com todas as forças. Não basta nem mesmo a assimilação linguística e cultural, que na realidade significaria "o início de um abastardamento" e, portanto, da "aniquilação do elemento germânico", a "aniquilação justamente das características que, em seu tempo, permitiram ao povo conquistador (*Eroberervolk*) alcançar a vitória"[25]. É preciso germanizar o solo sem germanizar os homens de modo algum. E isso só é possível seguindo-se um modelo muito preciso: do outro lado do Atlântico, a raça branca se expandiu para o Oeste americanizando o solo, nunca os peles-vermelhas. Dessa maneira,

[23] Josef Stálin, *Werke*, cit., v. 5, p. 31 e 42.

[24] Ibidem, v. 9, p. 305-11 e v. 10, p. 60-1.

[25] Adolf Hitler, *Mein Kampf*, cit., p. 82 e 428-9.

os Estados Unidos tornaram-se "um Estado nórdico-germânico" sem se rebaixar à condição de "lamaçal internacional de povos"[26]. Esse mesmo modelo deve ser seguido pela Alemanha na Europa oriental.

4. O papel da geografia e da geopolítica

Ao menos no que se refere à atitude tomada perante a questão nacional, confirma-se a antítese entre a Rússia soviética e o Terceiro Reich. Chegamos a resultados muito diferentes, porém, se nos concentramos nas práticas de governo dos dois regimes, que bem podemos comparar à luz da categoria de totalitarismo. E, ainda assim, seria um engano querer ler em chave psicopatológica o terror, a brutalidade, até mesmo a reivindicação de controlar o pensamento.

Convém não esquecermos a lição metodológica transmitida por um clássico do liberalismo: em 1787, na véspera do lançamento da Constituição federal, Alexander Hamilton explicava que a limitação do poder e a instauração do governo da lei tinham alcançado sucesso em dois países de tipo insular (Grã-Bretanha e Estados Unidos) graças ao mar que os separava das ameaças de potências rivais. Se o projeto de União federal falhasse e sobre suas ruínas emergisse um sistema de Estados correspondente àquele existente no continente europeu, teriam aparecido inclusive na América os fenômenos do exército permanente, de um forte poder central e até mesmo do absolutismo: "Assim, deveríamos, em curto espaço de tempo, ver estabelecidos em cada parte deste país os mesmos mecanismos de despotismo que foram o flagelo do Velho Mundo"[27]. Aos olhos de Hamilton, para explicar a permanência ou dissolução das instituições liberais, era preciso, em primeiro lugar, considerar a situação geográfica e geopolítica.

Se analisarmos as grandes crises históricas, notaremos que, mesmo em matizes distintos, todas elas terminaram por provocar uma concentração do poder nas mãos de um líder mais ou menos autocrático: a Primeira Revolução inglesa desaguou no poder pessoal de Cromwell; a Revolução Francesa, naquele de Robespierre e, sobretudo, anos depois, no de Napoleão; o resultado da revolução dos escravos negros de Santo Domingo foi a ditadura militar, primeiro, de Toussaint Louverture, e mais tarde de Dessalines; a Revolução francesa de

[26] Adolf Hitler, citado em Gerhard L. Weinberg (org.), *Hitlers Zweites Buch. Ein Dokument aus dem Jahre 1928* (Stuttgart, Deutsche Verlags-Anstalt, 1961), p. 131-2.

[27] Alexander Hamilton, "The Consequences of Hostilities between the States. From the New York Packet", *The Federalist Papers*, Nova York, n. 8, 20 nov. 1787.

1848 levou ao poder pessoal de Luís Bonaparte ou Napoleão III. A categoria de totalitarismo pode servir à análise comparada das práticas de governo a que se recorrem em situações de crise mais ou menos agudas. Mas, se nos esquecemos do caráter formal dessa categoria e a absolutizamos, corremos o risco de constituir uma família de irmãos gêmeos demasiadamente numerosa e heterogênea.

No que se refere ao período entre as duas grandes guerras mundiais do século XX, são inúmeras as crises que culminaram na instauração de uma ditadura pessoal. De fato, uma análise mais atenta permite observar que esse é o destino de quase todos os países da Europa continental. Os únicos que se preservaram foram os dois países de tipo insular mencionados por Hamilton. Mas inclusive esses países, a despeito de terem atrás de si uma sólida tradição liberal e de gozarem de uma situação geográfica e geopolítica particularmente favorável, viram a manifestação da tendência à personalização do poder, à acentuação do Poder Executivo sobre o Legislativo, à restrição do *rule of law*: nos Estados Unidos, bastava uma ordem de F. D. Roosevelt para que os cidadãos estadunidenses de origem japonesa fossem presos num campo de concentração. Quer dizer, a análise das práticas de governo, na qual se funda a categoria de totalitarismo, acaba atacando, ou ao menos roçando, até mesmo os mais insuspeitos países.

5. "Totalitarismo" e "autocracia absoluta de raça"

Das práticas de governo, desloquemos outra vez nossa atenção para os objetivos políticos. Também no que se refere à política interna, Hitler tem um olhar para o outro lado do Atlântico. Tanto o *Mein Kampf* quanto o *Zweites Buch* repetidamente alertam que, na Europa, a revelar-se inimigo jurado da civilização e da raça branca não é somente a Rússia soviética, que conclama os povos de cor a se insurgirem contra o domínio branco; não se pode esquecer o país que submeteu uma nação de raça branca como a Alemanha ao insulto da ocupação realizada por soldados de cor. É mister atentar também para o "abastardamento", para a "negrização" (*Vernegerung*) ou "negrização geral" (*allgemeine Verniggerung*) que acontece na França ou, mais exatamente, "no Estado mulato euro-africano", que àquela altura se estendia "do Reno ao Congo"[28]. Contrapõe-se a essa infâmia o exemplo positivo da "América do Norte", onde os "germânicos, evitando a 'mistura do sangue ariano com o de povos inferiores' e o 'insulto ao sangue'

[28] Adolf Hitler, citado em Gerhard L. Weinberg (org.), *Hitlers Zweites Buch*, cit., p. 152; idem, *Mein Kampf*, cit., p. 730.

(*Blutschande*), se mantiveram 'racialmente puros e incontaminados', de modo que podem exercer seu domínio em todo o continente"[29].

O regime da *white supremacy* vigente no Sul dos Estados Unidos já se tornara um modelo para a cultura reacionária que desembocou no nazismo. Em visita aos Estados Unidos no final do século XIX, Friedrich Ratzel, um dos grandes teóricos da geopolítica, traça um quadro bastante significativo: dissipada a fumaça da ideologia fiel ao princípio da "igualdade", impõe-se a realidade da "aristocracia racial", como demonstram os linchamentos dos negros, "a deportação e o aniquilamento dos índios" e as perseguições de que são alvo os imigrantes provenientes do Oriente. A situação criada nos Estados Unidos "evita a forma da escravidão, mas mantém a essência da subordinação, da hierarquização social com base na raça". Verifica-se um "rompimento" em relação às ilusões caras aos abolicionistas e aos apoiadores da democracia multirracial dos anos da *Reconstruction*. Tudo isso – observa Ratzel com lucidez – provocará efeitos para além da República norte-americana: "Estamos apenas no início das consequências que esse rompimento provocará, mais na Europa do que na Ásia". Posteriormente, também o vice-cônsul austro-húngaro em Chicago chama a atenção para a contrarrevolução que acontece nos Estados Unidos e para seu caráter benéfico e instrutivo. Nesse aspecto, a Europa revela seu grande atraso: aqui, o negro proveniente das colônias é acolhido na sociedade como uma "guloseima": que diferença em relação ao comportamento do "americano tão orgulhoso da pureza da sua raça", que evita o contato com os não brancos, entre os quais inclui até mesmo aqueles que têm "uma só gota de sangue negro"! Pois bem, "se a América pode ser de algum modo um exemplo para a Europa, ela o é na questão do negro" e da raça.

De fato, como previam os dois autores aqui citados, a contrarrevolução racista, que nos Estados Unidos dá cabo da democracia multirracial dos anos da Reconstrução, atravessa o Atlântico. Alfred Rosenberg celebra os Estados Unidos como um "esplêndido país do futuro": restringindo a cidadania política aos brancos e sancionando em todos os níveis e com todos os meios a *white supremacy*, os Estados Unidos tiveram o mérito de formular a feliz "nova ideia de um Estado racial". Sim: "A questão negra está no topo de todas as questões decisivas"; e uma vez que o absurdo princípio da igualdade seja cancelado para os negros, não haverá razão para não se trazer "as consequências necessárias também para os amarelos e os judeus"[30].

[29] Idem, *Mein Kampf*, cit., p. 313-4.

[30] Alfred Rosenberg, *Der Mythus des 20. Jahrhunderts* [1930] (Munique, Hoheneichen, 1937), p. 673 e 668-99.

Trata-se de uma declaração estarrecedora apenas à primeira vista. No começo do século XX, nos anos que precederam a formação do movimento nazista na Alemanha, a ideologia dominante no Sul dos Estados Unidos era expressa pelos chamados "Jubileus da supremacia branca", nos quais marchavam homens armados e uniformizados, inspirados pela denominada "profissão de fé racial do povo do Sul". Essa ideologia era formulada da seguinte maneira:

> 1) "O sangue dirá"; 2) a raça branca deve dominar; 3) os povos teutônicos declaram-se pela pureza da raça; 4) o negro é um ser inferior e permanecerá como tal; 5) "Este país é do homem branco"; 6) Nenhuma igualdade social; 7) Nenhuma igualdade política [...]; 10) Transmitir-se-á ao negro aquela profissão que melhor se adeque a fazê-lo servir ao homem branco [...]; 14) O homem branco de condição mais baixa deve ser considerado superior ao negro de condição mais alta; 15) As declarações acima indicam as diretrizes da Providência.[31]

Não há dúvida de que estamos nas margens do nazismo. Tanto é verdade que no Sul dos Estados Unidos os que professavam esse catecismo eram militantes que explicitamente declaravam estar prontos para "mandar para o inferno" a Constituição, além de bradar, na teoria e na prática, a absoluta "superioridade do ariano", bem como dispostos a impedir "a perigosa, nefasta ameaça nacional" representada pelos negros. Se – observam isoladas vozes críticas –, aterrorizados como estão, "os negros não podem fazer mal" a ninguém, isso não impede que grupos racistas estejam prontos para "matá-los e exterminá-los da face da Terra"; são decisões que instauram "uma autocracia absoluta de raça", com a "absoluta identificação da raça mais forte com a própria essência do Estado"[32].

Para definir o Terceiro Reich, é mais adequada a categoria de "totalitarismo" (que compara Hitler a Stálin) ou a de "autocracia absoluta de raça" (que remete ao regime da *white supremacy* ainda em vigor no Sul dos Estados Unidos quando do advento do poder nazista na Alemanha)? É certo que não se pode compreender adequadamente o dicionário nazista se limitamos nosso olhar à Alemanha. O que é a *Blutschande*, contra a qual o *Mein Kampf* alertava, se não a miscigenação denunciada inclusive pelos líderes da *white supremacy*? Até mesmo a palavra-chave da ideologia nazista, *Untermensch*, é a tradução do *Under Man*

[31] Comer Vann Woodward, *Origins of the New South 1877-1913* [1951] (Louisiana, Louisiana State University Press, 2013), p. 330 e 334-5.

[32] Ibidem, p. 332.

americano! Quem nos lembra disso, em 1930, é Rosenberg, que expressa sua admiração pelo autor estadunidense Lothrop Stoddard: atribui a ele o mérito de ter sido o primeiro a cunhar o termo em questão, que se destaca no subtítulo (*The Menace of the Under Man*) de um livro que ele publica em Nova York em 1922, bem como em sua versão alemã (*Die Drohung des Untermenschen*), publicado em Munique três anos mais tarde[33]. É o *Under Man* ou *Untermensch* quem ameaça a civilização e é para espantar tal perigo que se impõe a "autocracia absolutista de raça"! Se fizermos uso dessa categoria mais do que daquela de totalitarismo, consideraremos irmãos gêmeos não Stálin e Hitler, mas sim os supremacistas brancos do Sul dos Estados Unidos e os nazistas alemães. Tanto em relação a uns quanto aos outros, a antítese é Stálin, que não por acaso foi algumas vezes considerado pelos militantes afro-americanos o "novo Lincoln"[34].

6. Duas guerras pelo restabelecimento do domínio colonialista e escravista

Bem, ainda falta explicar o pacto Molotov-Ribbentrop. A União Soviética não foi a primeira a tentar um acordo com o Terceiro Reich, mas a última. Neste ponto, enquanto filósofo que, através da análise das categorias políticas, procede com uma comparação histórica, gostaria de fazer uma consideração distinta. Quase um século e meio antes da guerra desencadeada por Hitler a fim de subjugar e escravizar os povos da Europa oriental, houve outra grande guerra cujo objetivo, num contexto histórico evidentemente diferente, era o restabelecimento do domínio colonial e da escravidão. Refiro-me à expedição, ordenada por Napoleão e confiada a seu cunhado, Charles Leclerc, contra Santo Domingo, ilha governada pelo líder da vitoriosa revolução dos escravos negros, Toussaint Louverture. Mesmo depois de 29 de agosto de 1793, dia em que L. F. Sonthonax, representante da França revolucionária, proclamou a abolição da escravidão na ilha, Louverture continuou combatendo ao lado da Espanha; porque desconfiava da França, por muito tempo o líder negro continuou a colaborar com um país do Antigo Regime, escravista e empenhado na guerra contra a República jacobina e o poder abolicionista que se empossara em Santo Domingo. Ainda em 1799, a fim de salvar o país que dirigia do

[33] Sobre Ratzel, o vice-cônsul em Chicago e Stoddard, ver Domenico Losurdo, "*White Supremacy* und Konterrevolution, die Vereinigten Staaten, das Russland, der 'Weissen' und das Dritte Reich", em Christoph J. Bauer et al. (orgs.), *Faschismus und soziale Ungleichheit* (Duisburg, Universitäts verlag Rhein-Ruhr, 2007), p. 164-5 e 159.

[34] Cyril L. R. James, *I Giacobini Neri*, cit., p. 118 e 200.

iminente colapso econômico, Louverture estreitou relações comerciais com a Grã-Bretanha, país em guerra contra a França e cuja eventual vitória traria consequências bastante negativas para a causa do abolicionismo[35]. Mesmo assim, Toussaint Louverture permanece como o grande protagonista da revolução anticolonialista e antiescravista e como antagonista de Leclerc (e de Napoleão). Não obstante a completa mudança no quadro histórico que se verifica cerca de um século e meio depois, não há nenhuma motivo para procedermos diferentemente com Stálin: as reviravoltas do processo histórico não devem nos fazer perder de vista o essencial.

Ainda antes da invasão francesa, e prevendo-a, Toussaint Louverture impunha uma férrea ditadura produtivista e reprimia com mão de ferro quem desafiasse seu poder; posteriormente, a chegada a Santo Domingo das tropas francesas dirigidas por Leclerc foi o início de um conflito que se tornou uma guerra de aniquilamento de ambas as partes. O que podemos dizer sobre uma leitura que compara Louverture e Leclerc à luz da categoria de "totalitarismo", contrapondo os dois aos dirigentes liberais e democráticos dos Estados Unidos? Por um lado, essa categorização seria banal: é óbvio o horror implícito num conflito que se configura como guerra racial. Por outro lado, essa leitura seria um tanto quanto mistificadora: colocaria num mesmo plano antiescravistas e escravistas, e omitiria o fato de que estes últimos encontravam inspiração e apoio nos Estados Unidos, onde a escravidão dos negros vigia em seu esplendor. A categoria de totalitarismo não se torna mais persuasiva se a utilizamos como única chave de leitura do gigantesco conflito entre revolução anticolonial e contrarrevolução colonialista e escravista que ocorreu na primeira metade do século XX. É evidente que se trata de um capítulo da história que merece aprofundamento e que ainda não pode evitar interpretações controversas. Mas não há motivos para transformar em irmãos gêmeos dois inimigos mortais.

[35] Idem.

Na página ao lado, detalhe ampliado de foto que mostra a milícia nacional e o operariado bolchevique armando-se durante a Revolução de 1917.

Depois de Outubro[1]

China Miéville

Oh, meu amor, agora conheço toda a sua liberdade; sei que ela virá; mas como será?
(Nikolai Chernichévski, *O que fazer?*)

1. Em 1902, Lênin deu a seu tratado fundamental sobre a organização de esquerda o título de um romance publicado quarenta anos antes. Esse estranho livro, *O que fazer?*, projeta até hoje uma grande sombra.

A história de Chernichévski é intercalada com sequências oníricas, a mais famosa das quais é a quarta. Ali, em onze seções, a protagonista Vera Pavlovna viaja do passado remoto para um futuro estranho, comovente e utópico. O ponto de inflexão do livro, o fulcro da história para a possibilidade, é a Seção 7 do quarto sonho.

Duas linhas de pontos. Algo ostensivamente não dito. A transição da injustiça para a emancipação. Os leitores informados entenderiam que, por trás das reticências prolongadas, se assentava a Revolução.

Com tal discrição, o autor escapou da censura. Mas nessa não escrita do filho ateu de um padre também há algo quase religioso. Uma *via negativa* da política, um revolucionarismo apofático.

Para os que se apegam a ele, um paradoxo da revolução realmente existente é que, em seu potencial de reconfiguração total, ela é, além das palavras, uma interrupção messiânica – nascida do cotidiano. Indizível, e ainda assim o ponto culminante das exortações do dia a dia. Além da linguagem e por ela constituído, além da representação, mas não apenas isso.

Os pontos de Chernichévski são, portanto, uma versão de uma história estranha.

[1] Tradução de Heci Regina Candiani. (N. E.)

Assembleia do Soviete de Petrogrado, em março de 1917.

E o suspiro urgente, suspenso, que ele colocou depois daqueles pontos? "Como será?" Essa pergunta, da perspectiva estratégica atual da história, só pode doer.

2. Fim da noite de 26 de outubro de 1917. De pé diante do II Congresso dos Sovietes, Lênin está com as mãos pousadas no púlpito. Depois de manter sua audiência esperando – são quase nove horas da noite –, agora é ele quem espera, silencioso, o término dos aplausos. Por fim, inclina-se para frente e, com a voz rouca, dirige à assembleia suas primeiras e famosas palavras: "Agora vamos proceder à construção da ordem socialista".

Seguindo os socialistas revolucionários de esquerda, Lênin propõe a abolição da propriedade privada da terra. O Congresso emite também uma "proclamação aos povos e governos de todas as nações beligerantes" para a negociação imediata da paz democrática e o fim da guerra.

A aprovação é unânime. "A guerra acabou!", chega uma exclamação abafada. "A guerra acabou!"

Aos soluços, os delegados desatam a cantar, não canções comemorativas, mas fúnebres, honrando os que morreram na luta para a chegada desse momento.

Mas a guerra ainda *não* terminou, e a ordem que será construída é tudo, menos socialista.

Ao contrário, os meses e os anos subsequentes veem a Revolução atacada, agredida, isolada, fossilizada, quebrada. Sabemos aonde isso vai dar: purgações, *gulags*, fome, assassinato em massa.

Outubro ainda é o marco zero para as discussões sobre mudanças sociais fundamentais e radicais. Sua degradação não era um dado, não estava escrita em nenhuma estrela.

A história das esperanças, lutas, tensões e derrotas que se seguiram a 1917 foi contada antes e será contada novamente. Aquela história e, acima de tudo, as questões dela derivadas – as urgências da mudança, de como ela é possível, dos perigos que a dominarão – irão muito além de nós.

Imediatamente após a insurgência, Kerenski encontra-se com o general da extrema-direita Krasnov e planeja a resistência. Comandados por eles, mil cossacos deslocam-se para a capital. Em Petrogrado, forças heterogêneas ligadas aos mencheviques e aos socialistas revolucionários de direita da Duma Municipal constituem um grupo, o Comitê para a Salvação, contrário ao novo Conselho dos Comissários do Povo. As motivações dos oposicionistas vão desde a antipatia profunda até a democracia e a sincera angústia dos socialistas diante do que eles consideram uma iniciativa fadada ao fracasso. Embora sejam parceiros desconhecidos e temporários compartilhando a mesma cama, a decisão de compartilhá-la é deles e inclui também as preferências do Purishkevich: o comitê que planeja uma insurgência em Petrogrado para coincidir com a chegada das tropas de Krasnov.

Mas o Milrevcom, o Comitê Militar Revolucionário, fica sabendo dos planos. Em 29 de outubro, num desorganizado e breve "motim *junker*", cadetes do Exército tentam assumir o controle na capital. Novamente, as granadas sacodem a cidade e a resistência é esmagada. Novamente, Antonov faz bom uso de sua honra revolucionária, a cultura civilizada do militante, para proteger os prisioneiros de uma multidão vingativa. Os seus são poupados, mas outros não têm a mesma sorte.

No dia seguinte, nas colinas de Pulkovo, a dezenove quilômetros de Petrogrado, as forças de Krasnov enfrentam um confuso exército de trabalhadores, marinheiros e soldados, destreinados, indisciplinados, mas superando-os à proporção de dez para um. A luta é sangrenta. As forças de Krasnov retornam à cidade de Gatchina, onde Kerenski tem sua base. Dois dias depois, em troca de uma travessia segura, elas concordam em entregá-lo.

O antigo persuasor[2] tem um último trunfo. Disfarçado de marinheiro e usando óculos improváveis, ele consegue fugir e termina seus dias no exílio, emitindo tratados e tratados nos quais se exime de culpa.

O Comitê Executivo de Toda a Rússia da União dos Trabalhadores Ferroviários, pró-coalizão, exige um governo com todos os grupos socialistas. Nem Lênin nem Trótski, ambos inflexíveis quanto a essa questão, participam da conferência resultante: os bolcheviques que o fazem – Kamenev, Zinoviev e Milyutin – concordam que uma coalizão socialista é a melhor chance de sobrevivência. Naquele momento, porém, em que a sobrevivência do novo regime está mais ameaçada pela aproximação de Krasnov, muitos socialistas revolucionários e mencheviques preocupam-se tanto com a resistência militar ao governo quanto com a negociação. Com Krasnov derrotado, convertem-se à coalizão – justamente quando o Comitê Central Bolchevique adota uma linha mais dura.

---

[2] Muitos oficiais referiam-se ironicamente ao comandante em chefe Kerenski como "persuasor em chefe". (N. E.)

Essa linha não está isenta de controvérsia. Em 3 de novembro, cinco dissidentes, incluindo Zinoviev e Kamenev, renunciam ao Comitê Central. Mas revogam sua oposição em dezembro, quando os socialistas revolucionários de esquerda se juntam ao governo. Por um breve momento, surge uma coalizão.

A consolidação da Revolução em todo o país é desigual. Em Moscou, há lutas prolongadas e amargas. Os oponentes do novo regime, no entanto, estão desorientados e divididos, e os bolcheviques ampliam seu controle.

No início de janeiro de 1918, o governo exige da longamente adiada e recém-convocada Assembleia Constituinte o reconhecimento da soberania dos sovietes. Quando os representantes da Assembleia Constituinte o recusam, os bolcheviques e esquerdistas a declaram antidemocrática e não representativa nesse novo contexto: afinal, sua composição (dominada pelos socialistas revolucionários de direita) tinha sido escolhida antes de outubro. Os radicais viram as costas para a Assembleia, levando-a a perder desonrosamente o ritmo, até ser anulada.

O pior vem a seguir. Em 3 de março de 1918, após semanas de negociações estafantes, o tratado de Brest-Litovsk entre o governo soviético e a Alemanha e seus aliados põe fim ao papel da Rússia na guerra – mas sob termos escandalosamente punitivos.

Lênin luta uma batalha solitária insistindo na aceitação das odiosas exigências, pois para ele a prioridade – praticamente a qualquer preço – é acabar com a guerra, consolidar o novo regime e aguardar a revolução internacional. Muitos da oposição de esquerda no partido estão certos de que, com as potências centrais tão prenhes de revolução, a guerra deve continuar até essa insurgência. Diante de um devastador avanço alemão, porém, Lênin mais uma vez ameaça renunciar e finalmente vence a discussão.

A Rússia conquista a paz, mas perde faixas de território e população, algumas de suas regiões mais férteis e vastos recursos industriais e financeiros. Nesses territórios as potências centrais instalam regimes títeres contrarrevolucionários.

Em protesto contra a assinatura do tratado, os socialistas revolucionários de esquerda renunciam ao governo. As tensões aumentam à medida que os bolcheviques respondem ao agravamento da fome com medidas brutais de aquisição de alimentos, contrariando o campesinato.

Em junho, militantes da esquerda socialista revolucionária assassinam o embaixador alemão, na esperança de provocar um retorno à guerra agora "revolucionária". Em julho, eles desencadeiam uma insurgência contra os bolcheviques – e são reprimidos. Quando a resistência dos camponeses à requisição de grãos[3] endurece e ativistas bolcheviques são assassinados, o governo responde com medidas repressivas, muitas vezes sanguinárias. O Estado único começa a se consolidar.

Por algum tempo, Lênin permanece otimista sobre as perspectivas da revolução internacional, assumido como o único contexto em que a Revolução Russa poderia sobreviver.

Em princípio, o otimismo bolchevique não diminui nem mesmo quando Lênin se recupera de uma tentativa de assassinato fracassada em agosto de 1918 ou após o terrível assassinato de Rosa Luxemburgo e Karl Liebknecht na Alemanha e o colapso de sua rebelião espartaquista. No pós-guerra, a Alemanha está no auge de uma dramática polarização social, que refulgirá repetidamente entre 1918 e 1923. Um governo de sovietes surge na Hungria; a luta de classes entra em erupção na Áustria em 1918 e 1919; a Itália vê a revolta dos "dois anos vermelhos" de 1919 e 1920. Até a Inglaterra é abalada por greves.

Ao longo de 1919 e nos anos seguintes, porém, essa onda pouco a pouco é sufocada, e a reação se instala. Quando a situação dentro de suas fronteiras também se torna desesperadora, os bolcheviques despertam para seu grau de isolamento.

Em maio de 1918, 50 mil soldados da Legião da Tchecoslováquia se revoltam, impulsionando a guerra civil.

De 1918 a 1921, os bolcheviques precisam lutar contra várias forças contrarrevolucionárias ou "brancas", apoiadas, assistidas e armadas por potências estrangeiras. À medida que os brancos invadem os territórios da Revolução, as revoltas camponesas "verdes" – de forma mais memorável, a do lendário anarquista Makhno na Ucrânia – abalam o regime bolchevique. Em 1919, o território russo é ocupado por tropas estadunidenses, francesas, britânicas, japonesas, alemãs, sérvias e polonesas. O socialismo, o bacilo vermelho, é mais incômodo para estadunidenses, britânicos e franceses do que seus inimigos dos tempos de guerra.

Churchill está obcecado com a "besta sem nome", o "irascível babuíno do bolchevismo", e deixa claro que esse é seu maior inimigo. "De todas as tiranias da história, a tirania bolchevique é a pior, a mais destrutiva e a mais degradante", declara em 1919. "É pura farsa fingir que não é muito pior do que o militarismo alemão." Com o fim da guerra, ele divulga sua intenção de "Matar os malditos bolcheviques, beijar os bárbaros hunos".

[3] Confisco do excedente de produção e fixação de cotas mínimas para a produção agrícola. (N. E.)

Os Aliados derramam tropas na Rússia e impõem um embargo, impedindo a chegada de alimentos à população faminta da Rússia soviética. E canalizam fundos para os brancos, por mais repulsivos que sejam – apoiando uma ditadura sob Alexander Kolchak e com os olhos em Grigory Semenov, cujas forças cossacas desencadeiam um reinado de terror na Sibéria.

Mesmo com todo o financiamento, com todo o apoio dos Aliados, porém, os brancos não conseguem vencer militarmente ou ganhar apoio popular, por se recusarem a fazer concessões ao campesinato russo ou às inquietas minorias nacionais. Suas tropas, dominadas pelo barbarismo, envolvem-se num massacre indiscriminado, queimam aldeias e matam cerca de 150 mil judeus em *pogroms* entusiásticos, com torturas exemplares – flagelação em massa, mutilação, execução sumária –, enterram pessoas vivas e arrastam prisioneiros presos a cavalos.

Sob tais pressões implacáveis, esses meses e anos são de barbaridade e sofrimento indescritíveis, fome, mortes em massa, o colapso quase total da indústria e da cultura, banditismo, *pogroms*, tortura e canibalismo. O regime sitiado desencadeia seu próprio Terror Vermelho.

E seu alcance e profundidade se expandem além do controle. Alguns agentes da polícia política, seduzidos pelo poder pessoal, pelo sadismo ou pela degradação do momento, são bandidos e assassinos que não se deixam refrear por convicções políticas e exercem um novo tipo de autoridade. Não faltam depoimentos sobre seus terríveis atos.

Outros agentes fazem seu trabalho com angústia. Uma pessoa pode se sentir cética, até mesmo desgostosa, diante da ideia de um esforço de terror "ético" ditado pela necessidade desesperada, um terror tão limitado quanto possível, mas os depoimentos de agentes atormentados por terem feito algo que acreditavam ser sua única escolha são poderosos. "Derramei tanto sangue, já não tenho direito de viver", diz um alcoolizado e perturbado Dzerjinski no final de 1918. "Atire em mim agora", implora.

Uma fonte improvável, o major-general William Graves, que comandou as forças dos Estados Unidos na Sibéria, considera-se "bem cauteloso ao dizer que, para cada pessoa morta pelos bolcheviques, os antibolcheviques mataram uma centena de pessoas na Sibéria oriental". Muitos dos líderes do regime dos sovietes lutam para conter as tendências degradantes de seu próprio Terror, do qual eles estão horrivelmente conscientes.

Diante do colapso generalizado e de uma fome contínua e devastadora, em 1921, o regime reverte as medidas emergenciais de requisição e controle

Lênin e Stálin em Górki, em setembro de 1922.

militarizados conhecidas como "comunismo de guerra", substituindo-as pela Nova Política Econômica ou NEP. De 1921 a 1927, passa a incentivar algum grau de iniciativa privada, autorizando o lucro das empresas de menor porte. As políticas salariais são liberalizadas, permite-se a contratação de especialistas e assessores técnicos estrangeiros. Embora o governo crie várias grandes fazendas coletivas, muitas terras são entregues aos camponeses mais ricos. Os "NEPmen", os ladrões de galinha e os trapaceiros começam a lucrar com a especulação e os emergentes mercados paralelos.

O país trabalha em meio a um rescaldo catastrófico, aos escombros da indústria, da agricultura e da própria classe trabalhadora. O comunismo de guerra era uma medida emergencial desesperada, e a NEP é um refúgio necessário, permitindo alguma estabilidade e o aumento da produção. Uma expressão de fraqueza que tem um preço. Agora o aparelho burocrático paira sobre os restos destruídos da classe em nome da qual ele alega falar.

Entre os bolcheviques há pequenos grupos de dissidentes, oficiais e não oficiais. Alexandra Kollontai e Chiliapnikov lideram a "Oposição dos Trabalhadores", que deseja entregar o poder a uma classe trabalhadora quase inexistente. Os intelectuais da velha guarda bolchevique, os "centralistas democráticos", opõem-se à centralização. O X Congresso de 1921 proíbe as facções. Defensores dessa medida, incluindo Lênin, apresentam-na como uma exigência temporária para unir o partido. As facções que inevitavelmente virão mais tarde – a Oposição de Esquerda, a Oposição Unida – não serão oficiais.

A saúde de Lênin é frágil. Depois de sofrer derrames em 1922 e 1923, luta seu chamado "combate final" contra as tendências burocráticas, a fossilização e a corrupção que vê crescer. Ele suspeita da personalidade de Stálin e do seu lugar no interior da máquina. Em seus últimos escritos, insiste que Stálin seja removido de seu cargo de secretário-geral.

Seu conselho não é seguido.

Lênin morre em janeiro de 1924.

Retrato de Leon Trótski, em 1923.

O regime rapidamente inicia um culto ao morto, cuja maior ostentação permanece até hoje: seu cadáver. Uma relíquia retorcida e medonha que recebe mesuras em seu catafalco.

No XIV Congresso, em 1924, sob os protestos de Trótski e outros, o partido realiza uma vertiginosa reviravolta. Concorda agora, oficialmente, com a afirmação de Stálin de que, "em geral, a vitória do socialismo (não no sentido da vitória final) é incondicionalmente possível num só país".

Não obstante a ressalva entre parênteses, o endosso ao "socialismo num só país" é uma inversão dramática de uma tese fundamental dos bolcheviques – e de outros.

Essa mudança nasce do desespero, à medida que desaparece qualquer possibilidade de revolução internacional. Mas se é utópico esperar apoio internacional virando a esquina, quem dirá apostar no impossível – o socialismo autárquico? Um pessimismo obstinado, por mais difícil que fosse de metabolizar, seria menos prejudicial do que falsa esperança.

Os efeitos da nova posição são devastadores. À medida que todos os resíduos de uma cultura de debate e democracia se degeneram, os burocratas tornam-se os guardiões do avanço imposto de cima para baixo. E Stálin, a "mancha cinza" no coração da máquina, constrói a base de seu poder, sua própria condição como o mais igual de todos.

Entre 1924 e 1928, a atmosfera na Rússia torna-se cada vez mais tóxica, a luta interna no partido mais amarga, a mudança nas alianças e facções mais urgente e perigosa. Aliados passam a ser oponentes e os oponentes transformam-se novamente em aliados. Zinoviev e Kamenev fazem as pazes com o regime. Trótski é expulso do Comitê Central e do partido; seus adeptos são acossados, ofendidos, golpeados, levados ao suicídio. Em 1928, sua Oposição de Esquerda é esmagada e dissolvida.

As ameaças contra o regime se multiplicam e Stálin consolida seu governo. Quando a crise atrai a atenção da economia mundial, ele inaugura a "grande mudança". "O ritmo não deve ser reduzido!", anuncia em 1931. Esse é o seu primeiro Plano Quinquenal. "Estamos cinquenta ou cem anos atrás dos países avançados. Temos que percorrer essa distância em dez anos. Ou fazemos isso ou eles nos esmagam."

Assim se justificam a brutalidade da industrialização e da coletivização, o controle e o domínio implacáveis e centralizados da economia e da cultura política. Os ativistas do partido são perseguidos, forçados a trair os demais, a confessar crimes absurdos com declarações ostensivas. São executados por essa contrarrevolução contra sua tradição, feita em nome dessa tradição. A lealdade anterior a Stálin não é defesa: a lista dos bolcheviques levados à morte na década de 1930 e nos anos seguintes inclui não apenas Trótski e Bukharin, mas Zinoviev, Kamenev e muitos outros.

Essa degradação traz consigo um renascimento do estatismo, do antissemitismo e do nacionalismo, bem como sombrias normas reacionárias na cultura, na sexualidade e na vida familiar. Stalinismo: um Estado policial de paranoia, crueldade, assassinato e *kitsch*.

Depois de um *sumerki* prolongado, um longo feitiço da "tênue luz da liberdade", o que poderia ter sido uma aurora se transforma em crepúsculo. Esse não é um novo dia. É o que Victor Serge chama de a "meia-noite do século".

3. Foram cem anos de ataques brutais, a-históricos, ignorantes, de má-fé e oportunistas contra Outubro. Sem fazer eco a tal escárnio, devemos, no entanto, interrogar a Revolução.

O antigo regime era vil e violento, enquanto o liberalismo russo era fraco e rapidamente se associava ao reacionarismo. Ainda assim, Outubro levou inexoravelmente a Stálin? É uma pergunta antiga, mas ainda muito viva. Será que o *gulag* é o *télos* de 1917?

As pressões objetivas enfrentadas pelo novo regime são claras. Há também fatores subjetivos, perguntas que devemos fazer sobre as decisões tomadas. Os mencheviques de esquerda, os dedicados internacionalistas antibélicos, têm respostas a dar sobre o abandono das discussões em outubro de 1917. Essa decisão, logo depois de o Congresso ter votado pela coalizão, surpreendeu e abalou até mesmo os que concordaram com ela. "Fiquei atordoado", disse Nikolai Sukhánov sobre uma ação da qual ele nunca deixou de se arrepender. "Ninguém contestou a legalidade do congresso [...] [Essa ação] significava uma ruptura formal com as massas e com a Revolução."

Nada está definido de antemão. Mas se os internacionalistas de outros grupos permanecessem no II Congresso, a intransigência de Lênin e Trótski e o ceticismo sobre a coalizão poderiam ter sido reduzidos, já que muitos outros bolcheviques, em todos os níveis do partido, eram adeptos da cooperação. O resultado poderia ter sido um governo menos monolítico e entrincheirado.

Não se trata de negar os constrangimentos e o impacto do isolamento – nem de isentar os bolcheviques de seus próprios erros, ou coisa pior.

Em seu curto *Sobre a nossa Revolução*, escrito em janeiro de 1923 em resposta à publicação das memórias de Sukhánov, Lênin admite como "incontestável" o fato de que a Rússia não estava "pronta" para a Revolução. Altivamente, ele se pergunta se um povo "influenciado pela desesperança de sua situação" poderia ser culpado por "se lançar numa luta que lhe oferecesse alguma chance de conquistar para si condições, de certa forma extraordinárias, para o avanço posterior da civilização".

Não é absurdo argumentar que o povo oprimido da Rússia não tinha escolha a não ser agir, motivado pelas chances de que, ao fazê-lo, poderia alterar os próprios parâmetros da situação. De que assim as coisas poderiam melhorar. O movimento que levou o partido, após a morte de Lênin, da melancólica e desalentada percepção de que a única alternativa era lutar, em condições imperfeitas, até a falsa esperança do socialismo num só país é uma consequência perversa de dar à necessidade a aparência de virtude.

Vemos uma análoga tendência de enrijecimento quando, em vários momentos, muitos bolcheviques descrevem as terríveis necessidades do "comunismo de guerra" como aspirações e princípios comunistas, ou veem a censura, mesmo depois da guerra civil, como expressão de algo além de fraqueza. Vemos o mesmo quando o controle de uma só pessoa é apresentado como parte integrante da transformação socialista. E quando se faz uma representação caluniosa e falsa dos oponentes.

Os que se colocam do lado da Revolução devem se ocupar dessas falhas. Fazer o contrário é cair na apologia, na alegação de que esses são casos extraordinários, na hagiografia – e correr o risco de repetir os mesmos erros.

Não é pela nostalgia que a estranha história da primeira Revolução Socialista da história merece celebração. A corrente de Outubro declara que as coisas mudaram uma vez e podem mudar de novo.

Outubro traz, por um instante, um novo tipo de poder. De forma fugaz, há uma guinada para o controle dos trabalhadores sobre a produção e os direitos dos camponeses à terra. Igualdade de direitos para homens e mulheres no trabalho e no casamento, direito ao divórcio, apoio à maternidade. A descriminalização da homossexualidade, cem anos atrás. Movimentos pela autodeterminação nacional. Educação gratuita e universal, expansão da alfabetização. E com a alfabetização vem uma explosão cultural, uma sede de aprender, o desenvolvimento de universidades, de séries de palestras e de escolas para adultos. Uma mudança na alma. E ainda que esses momentos não tenham demorado a ser extintos, revertidos, transformados em tristes piadas e em lembranças, poderia ter sido de outra forma.

Poderia ter sido diferente, pois esses foram apenas os primeiros passos, ainda vacilantes.

Os revolucionários querem um novo país num mundo novo, que eles não conseguem enxergar, mas acreditam poder construir. E acreditam que, ao fazê-lo, os construtores também construirão a si mesmos de novo.

Em 1924, mesmo quando a perversão fecha o cerco em torno da experiência, Trótski escreve: "As formas de vida tornam-se dinamicamente radicais. O tipo humano médio subirá às alturas de um Aristóteles, um Goethe, ou um Marx. E acima dessa crista novos picos se erguerão".

As peculiaridades da Rússia de 1917 são marcantes e cruciais. Seria absurdo sustentar que Outubro é uma simples lente para observar as lutas de hoje. Mas tem sido um longo século, um longo crepúsculo de rancor e crueldade, a excrescência e a essência de seu tempo. Mas um crepúsculo, mesmo a lembrança de um crepúsculo, é melhor que a ausência total de luz. Seria igualmente absurdo dizer que não podemos aprender nada com a Revolução. Ou negar que o *sumerki* de Outubro pode ser nosso e que nem sempre ele deve ser seguido pela noite.

As revoluções, disse Marx, são as locomotivas da história. "Coloque a locomotiva em velocidade máxima", Lênin exortou a si mesmo numa anotação pessoal, poucas semanas depois de Outubro, "e mantenha-a nos trilhos." Mas como mantê-la ali, se houvesse apenas uma linha, e estivesse bloqueada?

"Fui para onde você não queria que eu fosse."

A questão da história não é apenas quem deve conduzir a locomotiva, mas por onde. Nesses trilhos, os revolucionários desviam seu trem, com a carga de contrabando supranumerária, apontando para um horizonte, para uma fronteira tão distante como sempre, que, no entanto, está chegando mais perto. Ao menos é o que parece, quando vista do trem liberto, sob a tênue luz da liberdade.

Sobre os autores e organizadores

Adilson Mendes é historiador, com mestrado e doutorado em ciências da comunicação pela ECA-USP. Como editor, trabalhou em publicações sobre a história e a teoria do cinema para casas como Azougue e Companhia das Letras.

Anita Leocadia Prestes é doutora em economia e filosofia pelo Instituto de Ciências Sociais de Moscou e doutora em história pela Universidade Federal Fluminense. Foi professora de história do Brasil no Departamento de História da UFRJ, do qual se aposentou em 2007.

Arlete Cavaliere é ensaísta, tradutora e professora de teatro, arte e cultura russa e professora titular da FFLCH-USP, onde se graduou em russo e defendeu toda a sua titularidade.

China Miéville é escritor, acadêmico e quadrinista inglês. É professor da Univerdidade de Warwick, com PhD em marxismo e direito.

Clara Figueiredo é fotógrafa e pesquisadora. Doutoranda e mestre em artes visuais pela ECA-USP, é também graduada em pedagogia pela UFSC e tem formação técnica em fotografia pelo Senac.

Domenico Losurdo é filósofo marxista italiano, com doutorado sobre Karl Rosenkranz. Leciona na Universidade de Urbino, na Itália.

Ivana Jinkings é editora da Boitempo e da revista *Margem Esquerda*. Organizou, com Emir Sader, o livro *As armas da crítica: antologia do pensamento de esquerda* (Boitempo, 2012).

José Luiz Del Roio é radialista, político e ativista social ítalo-brasileiro.

Kim Doria é mestre em meios e processos audiovisuais pela ECA-USP e coordenador de comunicação e eventos da editora Boitempo. Organizou, com Ivana Jinkings e Murilo Cleto, o livro *Por que gritamos golpe?* (Boitempo, 2016).

Lenina Pomeranz é cientista social formada pela Universidade de São Paulo e doutorada em planificação econômica pelo Instituto Plejanov de Moscou de Planificação da Economia Nacional.

Michael Löwy é um pensador marxista brasileiro radicado na França, onde trabalha como diretor de pesquisas do Centre National de la Recherche Scientifique.

Luis Fernandes é cientista político, graduou-se em Relações Internacionais pela Georgetown University e possui mestrado e doutorado em ciência política pelo Iuperj.

Osvaldo Coggiola é historiador, professor de história contemporânea na USP e autor, entre outros livros, de *Introdução à teoria econômica marxista* (Boitempo, 1998).

Toni Negri é filósofo político marxista italiano. É autor, entre outros livros, de *A anomalia selvagem: poder e potência em Spinoza* (Editora 34, 1993).

Tariq Ali é jornalista, escritor, historiador, cineasta e ativista político. Especialista em política internacional, Tariq é um dos editores da revista *New Left Review*.

Wendy Goldman é historiadora, professora do Departamento de História da Carnegie Mellon University e especialista em estudos feministas, políticos e sociais sobre a Rússia e a União Soviética.

LENIN
ESKI

1917

"Camarada Lênin limpa o lixo do mundo", pôster de 1920 do cartunista russo Viktor Deni.

Publicado em comemoração ao centenário da Revolução Russa, o levante popular que abalou o mundo e ditou os rumos do século XX, este livro foi composto em Janson Text LT, corpo 10, e impresso em papel Avena 80 g/m² pela gráfica Rettec para a Boitempo e para as Edições Sesc São Paulo, com tiragem de 4 mil exemplares, em setembro de 2017.